GUIDA AL PURGATORIO
La Divina Commedia Facile

Testo integrale con riassunti, paragrafazioni, mappe concettuali e schede didattiche di tutti i canti a cura di Pierre 2020

INDICE

06 INTRODUZIONE AL PURGATORIO
07 Intro
08 Schede introduttive
10 PRIMO CANTO
11 Riassunto
13 Testo
19 Schede e mappe
24 SECONDO CANTO
25 Riassunto
26 Testo
32 Schede e mappe
37 TERZO CANTO
38 Riassunto
40 Testo
46 Schede e mappe
51 QUARTO CANTO
52 Riassunto
54 Testo
60 Schede e mappe
64 QUINTO CANTO
65 Riassunto
68 Testo
74 Schede e mappe
79 SESTO CANTO
80 Riassunto
82 Testo
88 Schede e mappe
94 SETTIMO CANTO
95 Riassunto
97 Testo
102 Schede e mappe
107 OTTAVO CANTO
108 Riassunto

110 Testo
116 Schede e mappe
121 NONO CANTO
122 Riassunto
124 Testo
130 Schede e mappe
134 DECIMO CANTO
135 Riassunto
137 Testo
143 Schede e mappe
148 UNDICESIMO CANTO
149 Riassunto
151 Testo
157 Schede e mappe
161 DODICESIMO CANTO
162 Riassunto
164 Testo
170 Schede e mappe
175 TREDICESIMO CANTO
176 Riassunto
178 Testo
184 Schede e mappe
187 QUATTORDICESIMO CANTO
188 Riassunto
190 Testo
196 Schede e mappe
202 QUINDICESIMO CANTO
203 Riassunto
205 Testo
211 Schede e mappe
215 SEDICESIMO CANTO
216 Riassunto
218 Testo
224 Schede e mappe
227 DICIASSETTESIMO CANTO

228 Riassunto
231 Testo
237 Schede e mappe
241 DICIOTTESIMO CANTO
242 Riassunto
244 Testo
250 Schede e mappe
254 DICIANNOVESIMO CANTO
255 Riassunto
257 Testo
263 Schede e mappe
267 VENTESIMO CANTO
268 Riassunto
270 Testo
276 Schede e mappe
279 VENTUNESIMO CANTO
280 Riassunto
281 Testo
287 Schede e mappe
289 VENTIDUESIMO CANTO
290 Riassunto
292 Testo
298 Schede e mappe
301 VENTITREESIMO CANTO
302 Riassunto
304 Testo
309 Schede e mappe
312 VENTIQUATTRESIMO CANTO
313 Riassunto
315 Testo
321 Schede e mappe
324 VENTICINQUESIMO CANTO
325 Riassunto
327 Testo
333 Schede e mappe

337 VENTISEIESIMO CANTO
338 Riassunto
340 Testo
346 Schede e mappe
349 VENTISETTESIMO CANTO
350 Riassunto
352 Testo
358 Schede e mappe
361 VENTOTTESIMO CANTO
362 Riassunto
364 Testo
370 Schede e mappe
374 VENTINOVESIMO CANTO
375 Riassunto
377 Testo
383 Schede e mappe
385 TRENTESIMO CANTO
387 Riassunto
388 Testo
394 Schede e mappe
398 TRENTUNESIMO CANTO
399 Riassunto
401 Testo
407 Schede e mappe
409 TRENTADUESIMO CANTO
410 Riassunto
412 Testo
419 Schede e mappe
419 TRENTATREESIMO CANTO
420 Riassunto
422 Testo
428 Schede e mappe

LA COMMEDIA
PURGATORIO

DANTE ALIGHIERI

INTRODUZIONE AL PURGATORIO

Il viaggio di Dante nell'aldilà prosegue nel Purgatorio. Il promontorio ha origine dallo spostamento di terra creato dalla voragine in cui venne scaraventato Lucifero. Non solo la sua posizione è antitetica rispetto a quella dell'Inferno, ma anche la gerarchia dei peccati segue l'ordine opposto: il viaggio inizierà dai peccati più gravi e culminerà in quelli meno gravi, fino a giungere al Paradiso Terrestre. Alla base della montagna del Purgatorio si trova l'Antipurgatorio, il luogo che appartiene a chi si è convertito a Dio in punto di morte. Il monte è poi diviso in sette cornici che rappresentano i sette peccati capitali: superbia, ira, accidia, invidia, avarizia, gola e lussuria. In cima si trova l'Eden.

Il purgatorio è il canto della nostalgia, in cui il Poeta ritrova i suoi amici e conoscenti che ha frequentato in gioventù e per i quali prova affetto.

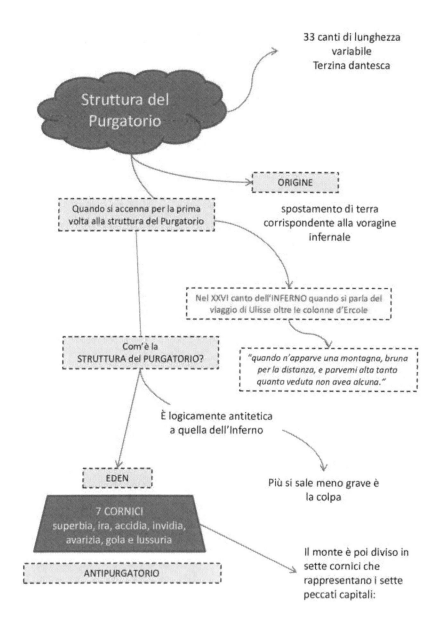

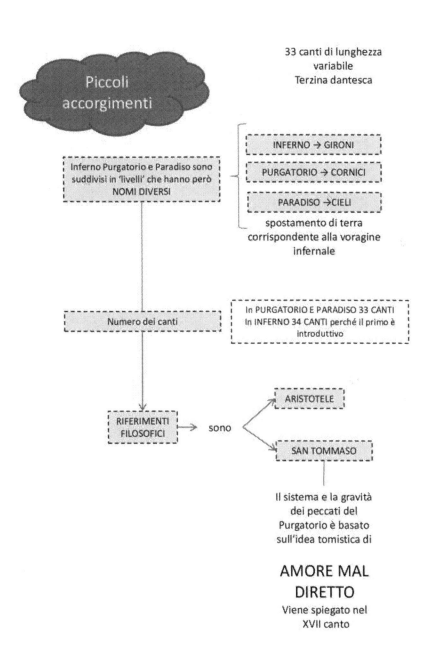

SCHEMATICAMENTE

IL PRIMO CANTO DEL PURGATORIO

I CANTO

Dante e Virgilio si apprestano a lasciare le acque crudeli dell'inferno a bordo della "nave dell'ingegno", per giungere al secondo regno, nel quale inizia il viaggio di purificazione che renderà Dante degno di giungere in Paradiso. I toni si innalzano, si lascia spazio a figure retoriche e onomatopee, si può apprezzare l'armonica bellezza delle parole, che più si elevano quanto più si avvicinano a Dio.

LA GUIDA DELLE STELLE

Il paesaggio cambia completamente, i due poeti abbandonano l'aria di morte che aveva caratterizzato l'Inferno e l'atmosfera diventa pura e serena, color zaffiro orientale, accompagna con dolcezza i viaggiatori sotto la guida di Venere e di un cielo pieno di STELLE.
Dante scorge subito le quattro STELLE più luminose, che sono state viste solo dai primi uomini (Adamo ed Eva) e che rappresentano la prudenza, la giustizia, la forza e la temperanza. Sono queste a illuminare il cammino del Poeta fino a Dio.

CATONE L'UTICENSE

Dante nota subito la presenza di CATONE, illuminato in viso dalle STELLE tanto da rendere difficile guardarlo in faccia. È lui il guardiano del Purgatorio si presenta con una faccia autoritaria e una barba lunga e brizzolata. Pensando si tratti di due dannati fuggiaschi, CATONE ferma subito l'imbarcazione per sincerarsi della provenienza dei due viaggiatori.
CATONE morì suicida in favore della libertà politica e per questo motivo non giace all'Inferno, ma è stato salvato dal Limbo per volere divino, a differenza di sua moglie Marzia che si trova ancora lì insieme a Virgilio ma dalla quale l'uomo si sente distante.

LA GUIDA DI VIRGILIO

Interviene ancora una volta Virgilio a rimproverare Dante, che intima al Poeta di inchinarsi dinnanzi a Catone, guardiano del Purgatorio. Poi spiega al guardiano che Dante non è un'anima dannata ma una persona in vita che ha intrapreso un viaggio verso la purificazione e verso la salvezza per volere di Beatrice. Virgilio cerca di convincere CATONE a lasciarli passare promettendo di parlare di lui a sua moglie. Ma è il volere di Beatrice che esorta CATONE a lasciar passare i due poeti, ai quali consiglia però di procedere al lavaggio di Dante, ancora sporco dopo il viaggio nell'Inferno, prima di intraprendere il suo viaggio verso il monte del Purgatorio.

LA PURIFICAZIONE DI DANTE

Per PURIFICARSI dal luogo di morte dal quale erano venuti, Virgilio guida Dante nel rassicurante cammino verso il Purgatorio. I colori dell'alba guidano i due poeti, fino a giungere in un punto ombroso in cui l'erba rimane piena di rugiada. Con questa Virgilio lava il volto di Dante, che può finalmente presentarsi dinnanzi all'angelo del Paradiso. I due viaggiatori proseguono nella direzione indicata da CATONE.

CANTO I

Introduzione (Proemio)

Per correr miglior acque alza le vele
omai la navicella del mio ingegno,
che lascia dietro a sé mar sì crudele;   3

e canterò di quel secondo regno
dove l'umano spirito si purga
e di salire al ciel diventa degno.   6

Ma qui la morta poesì resurga,
o sante Muse, poi che vostro sono;
e qui Calïopè alquanto surga,   9

seguitando il mio canto con quel suono
di cui le Piche misere sentiro
lo colpo tal, che disperar perdono.   12

Le quattro stelle

Dolce color d'orïental zaffiro,
che s'accoglieva nel sereno aspetto
del mezzo, puro infino al primo giro,   15

a li occhi miei ricominciò diletto,
tosto ch'io usci' fuor de l'aura morta
che m'avea contristati li occhi e 'l petto.   18

Lo bel pianeto che d'amar conforta
faceva tutto rider l'orïente,
velando i Pesci ch'erano in sua scorta.   21

I' mi volsi a man destra, e puosi mente
a l'altro polo, e vidi quattro stelle
non viste mai fuor ch'a la prima gente.   24

Goder pareva 'l ciel di lor fiammelle:

oh settentrïonal vedovo sito,
poi che privato se' di mirar quelle! 27

Com'io da loro sguardo fui partito,
un poco me volgendo a l'altro polo,
là onde 'l Carro già era sparito, 30

L'incontro con Catone

vidi presso di me un veglio solo,
degno di tanta reverenza in vista,
che più non dee a padre alcun figliuolo. 33

Lunga la barba e di pel bianco mista
portava, a' suoi capelli simigliante,
de' quai cadeva al petto doppia lista. 36

Li raggi de le quattro luci sante
fregiavan sì la sua faccia di lume,
ch'i' 'l vedea come 'l sol fosse davante. 39

Botta e risposta tra Catone e Virgilio

"Chi siete voi che contro al cieco fiume
fuggita avete la pregione etterna?",
diss'el, movendo quelle oneste piume. 42

"Chi v' ha guidati, o che vi fu lucerna,
uscendo fuor de la profonda notte
che sempre nera fa la valle inferna? 45

Son le leggi d'abisso così rotte?
o è mutato in ciel novo consiglio,
che, dannati, venite a le mie grotte?". 48

Lo duca mio allor mi diè di piglio,
e con parole e con mani e con cenni
reverenti mi fé le gambe e 'l ciglio. 51

Poscia rispuose lui: "Da me non venni:
donna scese del ciel, per li cui prieghi
de la mia compagnia costui sovvenni.   54

Ma da ch'è tuo voler che più si spieghi
di nostra condizion com'ell'è vera,
esser non puote il mio che a te si nieghi. 57

Questi non vide mai l'ultima sera;
ma per la sua follia le fu sì presso,
che molto poco tempo a volger era.   60

Sì com'io dissi, fui mandato ad esso
per lui campare; e non lì era altra via
che questa per la quale i' mi son messo.   63

Mostrata ho lui tutta la gente ria;
e ora intendo mostrar quelli spirti
che purgan sé sotto la tua balìa.   66

Com'io l' ho tratto, saria lungo a dirti;
de l'alto scende virtù che m'aiuta
conducerlo a vederti e a udirti.   69

Or ti piaccia gradir la sua venuta:
libertà va cercando, ch'è sì cara,
come sa chi per lei vita rifiuta.   72

Tu 'l sai, ché non ti fu per lei amara
in Utica la morte, ove lasciasti
la vesta ch'al gran dì sarà sì chiara.   75

Non son li editti etterni per noi guasti,
ché questi vive e Minòs me non lega;
ma son del cerchio ove son li occhi casti 78

di Marzia tua, che 'n vista ancor ti priega,
o santo petto, che per tua la tegni:
per lo suo amore adunque a noi ti piega.   81

Lasciane andar per li tuoi sette regni;
grazie riporterò di te a lei,
se d'esser mentovato là giù degni".   84

"Marzïa piacque tanto a li occhi miei
mentre ch'i' fu' di là", diss'elli allora,
"che quante grazie volse da me, fei.   87

Or che di là dal mal fiume dimora,
più muover non mi può, per quella legge
che fatta fu quando me n'usci' fora.   90

Ma se donna del ciel ti move e regge,
come tu di', non c'è mestier lusinghe:
bastisi ben che per lei mi richegge.   93

Va dunque, e fa che tu costui ricinghe
d'un giunco schietto e che li lavi 'l viso,
sì ch'ogne sucidume quindi stinghe;   96

ché non si converria, l'occhio sorpriso
d'alcuna nebbia, andar dinanzi al primo
ministro, ch'è di quei di paradiso.   99

Questa isoletta intorno ad imo ad imo,
là giù colà dove la batte l'onda,
porta di giunchi sovra 'l molle limo: 102

null'altra pianta che facesse fronda
o indurasse, vi puote aver vita,

però ch'a le percosse non seconda. 105

Poscia non sia di qua vostra reddita;
lo sol vi mosterrà, che surge omai,
prendere il monte a più lieve salita". 108

Così sparì; e io sù mi levai
sanza parlare, e tutto mi ritrassi
al duca mio, e li occhi a lui drizzai. 111

Virgilio lava Dante

El cominciò: "Figliuol, segui i miei passi:
volgianci in dietro, ché di qua dichina
questa pianura a' suoi termini bassi". 114

L'alba vinceva l'ora mattutina
che fuggia innanzi, sì che di lontano
conobbi il tremolar de la marina. 117

Noi andavam per lo solingo piano
com'om che torna a la perduta strada,
che 'nfino ad essa li pare ire in vano. 120

Quando noi fummo là 've la rugiada
pugna col sole, per essere in parte
dove, ad orezza, poco si dirada, 123

ambo le mani in su l'erbetta sparte
soavemente 'l mio maestro pose:
ond'io, che fui accorto di sua arte, 126

porsi ver' lui le guance lagrimose;
ivi mi fece tutto discoverto
quel color che l'inferno mi nascose. 129

Venimmo poi in sul lito diserto,

che mai non vide navicar sue acque
omo, che di tornar sia poscia esperto. 132

Quivi mi cinse sì com'altrui piacque:
oh maraviglia! ché qual elli scelse
l'umile pianta, cotal si rinacque 135

subitamente là onde l'avelse.

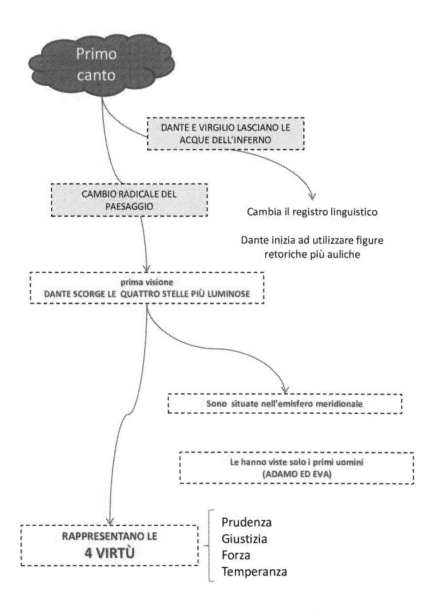

> L'altro Catone famoso della storia romana è

CATONE IL CENSORE
che fu determinante nella distruzione finale di Cartagine
(149-146 acc)

CATONE L'UTICENSE

> 95-46 ac

> Avversario di Cesare

> CATONE È PRESO DA DANTE COME ESEMPIO NONOSTANTE ABBIA TRE PECCHE GRAVI

È suicida
Avversò la creazione dell'impero
Non era battezzato

> Muore suicida dopo la sconfitta di Tapso

È il rappresentante dei valori della Repubb

PERCHÉ? Lo spiega Virgilio
DANTE COME CATONE CERCA LA LIBERTÀ

Ora ti prego di accogliere la sua venuta: va cercando la libertà, che è molto preziosa come sa chi in suo nome rinuncia alla propria vita.

PERSONAGGI CITATI
INVOCAZIONE INIZIALE A CALLIOPE – MUSA DELLA POESIA
BEATRICE
MARZIA LA MOGLIE DI CATONE

Catone spiega che amò la moglie ma dopo essere stato spostato dall'Acheronte al Purgatorio per una legge divina il suo sentimento è affievolito

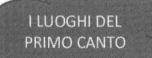

L'AMBIENTAZIONE

IL MARE
che porta dall'Inferno al Purgatorio

LA SPIAGGIA dell'antipurgatorio

LA VISIONE DEL CIELO
Con il Purgatorio diventa importante la vista del cielo
Siamo all'alba della Pasqua
La prima apparizione in cielo è quella di VENERE
Si vedono le QUATTRO STELLE

SCHEMATICAMENTE

IL SECONDO CANTO DEL PURGATORIO

II CANTO

Fermi ad ammirare i colori dell'alba alle pendici del mare, Dante e Virgilio si riposano come due viaggiatori che si fermano per ragionare sul percorso da affrontare. Scorgono in lontananza una luce bianca che si avvicina velocemente verso di loro, diventando sempre più grande. Si tratta dell'ANGELO NOCCHIERO, che traghetta le anime in attesa di purificazione alle porte del Purgatorio.

L'ANGELO NOCCHIERO

Virgilio chiede a Dante di inginocchiarsi e pregare davanti all'ANGELO, giunto direttamente dal Paradiso. Non ha bisogno di remi, vola rivolgendo le ali verso il cielo, come fosse accompagnato dalla luce divina. La luce che emette è talmente forte che Dante è costretto a volgere lo sguardo a terra. L'ANGELO spinge una leggerissima barchetta che ha all'interno un migliaio di persone, che vengono accompagnate a riva mentre cantano "Quando il popolo d'Israele uscì dall'Egitto", il salmo che rievoca la fuga dall'Antico Egitto.

LE ANIME PENITENTI

Le anime si rivolgono ai due Poeti chiedendo di indicare loro la strada verso il Purgatorio ma presto la loro attenzione viene catturata da Dante, al quale si avvicinano incuriositi al punto da dimenticare il motivo per il quale si trovano lì. Tra queste, un'anima si avvicina con più trasporto a Dante, sembra che tra i due ci sia stato un grande affetto. Anche Dante si sporge per abbracciarlo ma si rende conto che non è possibile perché non vi è alcun corpo da stringere. Si tratta del suo amico CASELLA, musico fiorentino.

IL MUSICO CASELLA

L'uomo invita Dante a distanziarsi dalle altre ANIME PENITENTI per parlare qualche minuto con lui. I due si separano e CASELLA spiega a Dante che fino a quel momento egli sostava alle porte del Tevere, tra le anime che non meritano l'Inferno e di essere riuscito solo ora a salire sulla barca dell'Angelo del Paradiso, il quale opera per volere divino, per raggiungere il Purgatorio.
Dante chiede al suo amico di cantare, come faceva in vita, con un talento e una dolcezza tale da riuscire portare via tutti i dolori e la stanchezza del viaggio. L'amico acconsente e delizia per qualche momento tutte le anime penitenti che si fermano ad ascoltarlo. Si inizia a intravedere la nostalgia verso i suoi affetti fiorentini, che caratterizza l'intero canto del Purgatorio.

IL RIMPROVERO DI CATONE

Le dolci melodie vengono interrotte dall'arrivo di CATONE. Egli, su tutte le furie, esorta i viaggiatori a proseguire senza perdere tempo, se davvero la purificazione è per loro importante.
Così tutti iniziano a scappare spaventati, compresi Dante e Virgilio.

CANTO II

L'alba e l'angelo nocchiero

Già era 'l sole a l'orizzonte giunto
lo cui meridïan cerchio coverchia
Ierusalèm col suo più alto punto;   3

e la notte, che opposita a lui cerchia,
uscia di Gange fuor con le Bilance,
che le caggion di man quando soverchia;   6

sì che le bianche e le vermiglie guance,
là dov'i' era, de la bella Aurora
per troppa etate divenivan rance.   9

Noi eravam lunghesso mare ancora,
come gente che pensa a suo cammino,
che va col cuore e col corpo dimora.   12

Ed ecco, qual, sorpreso dal mattino,
per li grossi vapor Marte rosseggia
giù nel ponente sovra 'l suol marino,   15

cotal m'apparve, s'io ancor lo veggia,
un lume per lo mar venir sì ratto,
che 'l muover suo nessun volar pareggia.   18

Dal qual com'io un poco ebbi ritratto
l'occhio per domandar lo duca mio,
rividil più lucente e maggior fatto.   21

Poi d'ogne lato ad esso m'appario
un non sapeva che bianco, e di sotto
a poco a poco un altro a lui uscìo.   24

Spiegazione di Virgilio

Lo mio maestro ancor non facea motto,
mentre che i primi bianchi apparver ali;

27

allor che ben conobbe il galeotto, 27

gridò: "Fa, fa che le ginocchia cali.
Ecco l'angel di Dio: piega le mani;
omai vedrai di sì fatti officiali. 30

Vedi che sdegna li argomenti umani,
sì che remo non vuol, né altro velo
che l'ali sue, tra liti sì lontani. 33

Vedi come l' ha dritte verso 'l cielo,
trattando l'aere con l'etterne penne,
che non si mutan come mortal pelo". 36

Poi, come più e più verso noi venne
l'uccel divino, più chiaro appariva:
per che l'occhio da presso nol sostenne, 39

ma chinail giuso; e quei sen venne a riva
con un vasello snelletto e leggero,
tanto che l'acqua nulla ne 'nghiottiva. 42

                                                             Catone

Da poppa stava il celestial nocchiero,
tal che faria beato pur descripto;
e più di cento spirti entro sediero. 45

'In exitu Isräel de Aegypto'
cantavan tutti insieme ad una voce
con quanto di quel salmo è poscia scripto. 48

Poi fece il segno lor di santa croce;
ond'ei si gittar tutti in su la piaggia:
ed el sen gì, come venne, veloce. 51

La turba che rimase lì, selvaggia
parea del loco, rimirando intorno

come colui che nove cose assaggia. 54

Da tutte parti saettava il giorno
lo sol, ch'avea con le saette conte
di mezzo 'l ciel cacciato Capricorno, 57

quando la nova gente alzò la fronte
ver' noi, dicendo a noi: "Se voi sapete,
mostratene la via di gire al monte". 60

E **Virgilio** rispuose: "Voi credete
forse che siamo esperti d'esto loco;
ma noi siam peregrin come voi siete. 63

Dianzi venimmo, innanzi a voi un poco,
per altra via, che fu sì aspra e forte,
che lo salire omai ne parrà gioco". 66

L'anime, che si fuor di me accorte,
per lo spirare, ch'i' era ancor vivo,
maravigliando diventaro smorte. 69

E come a messagger che porta ulivo
tragge la gente per udir novelle,
e di calcar nessun si mostra schivo, 72

così al viso mio s'affisar quelle
anime fortunate tutte quante,
quasi oblïando d'ire a farsi belle. 75

Dante incontra il musico Casella

Io vidi una di lor trarresi avante
per abbracciarmi, con sì grande affetto,
che mosse me a far lo somigliante. 78

Ohi ombre vane, fuor che ne l'aspetto!
tre volte dietro a lei le mani avvinsi,

e tante mi tornai con esse al petto. 81

Di maraviglia, credo, mi dipinsi;
per che l'ombra sorrise e si ritrasse,
e io, seguendo lei, oltre mi pinsi. 84

Soavemente disse ch'io posasse;
allor conobbi chi era, e pregai
che, per parlarmi, un poco s'arrestasse. 87

Rispuosemi: "Così com'io t'amai
nel mortal corpo, così t'amo sciolta:
però m'arresto; ma tu perché vai?". 90

"Casella mio, per tornar altra volta
là dov'io son, fo io questo vïaggio",
diss'io; "ma a te com'è tanta ora tolta?". 93

Ed elli a me: "Nessun m'è fatto oltraggio,
se quei che leva quando e cui li piace,
più volte m' ha negato esto passaggio; 96

ché di giusto voler lo suo si face:
veramente da tre mesi elli ha tolto
chi ha voluto intrar, con tutta pace. 99

Ond'io, ch'era ora a la marina vòlto
dove l'acqua di Tevero s'insala,
benignamente fu' da lui ricolto. 102

A quella foce ha elli or dritta l'ala,
però che sempre quivi si ricoglie
qual verso Acheronte non si cala". 105

E io: "Se nuova legge non ti toglie
memoria o uso a l'amoroso canto

che mi solea quetar tutte mie doglie, 108

di ciò ti piaccia consolare alquanto
l'anima mia, che, con la sua persona
venendo qui, è affannata tanto!". 111

'Amor che ne la mente mi ragiona'
cominciò elli allor sì dolcemente,
che la dolcezza ancor dentro mi suona. 114

Lo mio maestro e io e quella gente
ch'eran con lui parevan sì contenti,
come a nessun toccasse altro la mente. 117

Il rimprovero di Catone

Noi eravam tutti fissi e attenti
a le sue note; ed ecco il veglio onesto
gridando: "Che è ciò, spiriti lenti? 120

qual negligenza, quale stare è questo?
Correte al monte a spogliarvi lo scoglio
ch'esser non lascia a voi Dio manifesto". 123

Come quando, cogliendo biado o loglio,
li colombi adunati a la pastura,
queti, sanza mostrar l'usato orgoglio, 126

se cosa appare ond'elli abbian paura,
subitamente lasciano star l'esca,
perch'assaliti son da maggior cura; 129

così vid'io quella masnada fresca
lasciar lo canto, e fuggir ver' la costa,
com'om che va, né sa dove rïesca; 132

né la nostra partita fu men tosta.

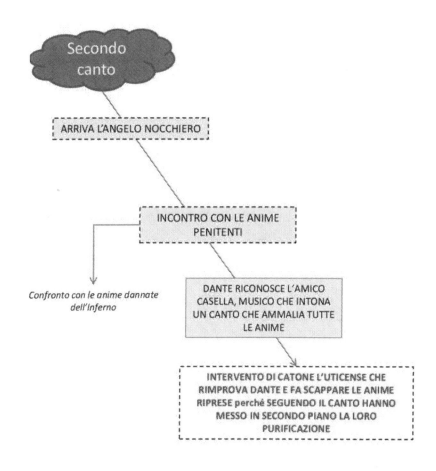

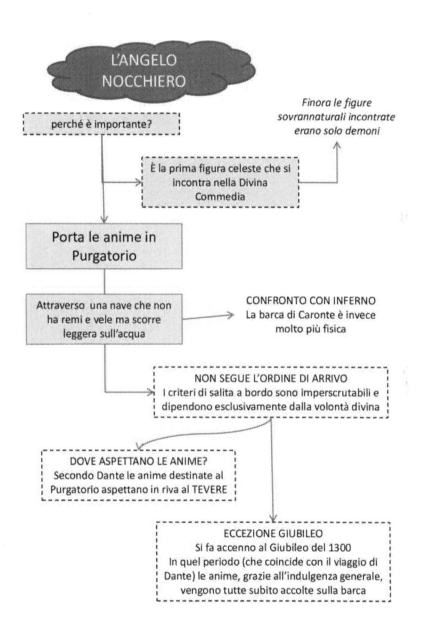

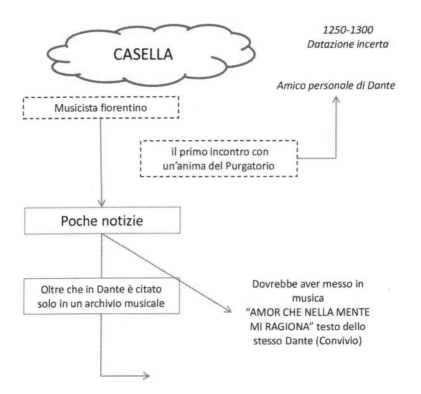

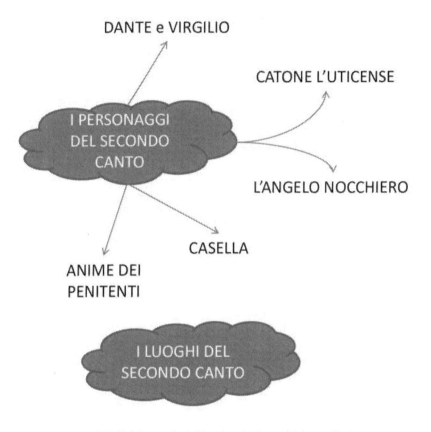

SCHEMATICAMENTE

IL TERZO CANTO DEL PURGATORIO

III CANTO

Dante, in mezzo a quella confusione, si tiene stretto a Virgilio, senza la guida del quale si sentirebbe perso.

IL VOLERE DIVINO

Virgilio percepisce l'ansia per l'abbandono e si rivolge a Dante con fare amorevole dicendogli di non spaventarsi se non vede la sua ombra. Lo esorta a fidarsi di lui, che è la sua guida per VOLERE DIVINO e a conoscere solo i misteri della fede senza doverne trovare una spiegazione: se l'essere umano fosse stato in grado di conoscere tutto, non ci sarebbe stato bisogno di Gesù. Virgilio prende d'esempio Platone e Aristotele che, con la loro intelligenza, hanno cercato una spiegazione razionale ai misteri della fede e ora sono condannati eternamente al Limbo.

I CONTUMACI

I due poeti si ritrovano ai piedi del monte, senza capire quale sia la parte migliore dalla quale poter salire. Vedono improvvisamente arrivare da sinistra delle anime che paiono perse, sembrano delle pecore guidate da VOLERE DIVINO, alle quali Dante si avvicina per chiedere quale sia la strada più veloce per salire sul Purgatorio. Queste proseguono in maniera molto lenta e si spaventano alla vista di Dante ritraendosi, ma si rasserenano dopo l'intervento di Virgilio, il quale spiega che il viaggio di Dante è stato intrapreso per VOLERE DIVINO. Si tratta dei CONTUMACI, coloro che sono stati scomunicati dalla chiesa e che dovranno scontare molto tempo nell'Antipurgatorio prima di poter accedere al Purgatorio.

MANFREDI DI SVEVIA

Tra le anime, un uomo in particolare si avvicina a Dante e, mostrando una cicatrice sul petto, si presenta come Manfredi, il nipote dell'imperatrice Costanza d'Altavilla. Egli racconta di aver perso la vita nella battaglia di Benevento e di essersi pentito dei suoi peccati in punto di morte. L'uomo racconta che, sebbene i suoi peccati fossero gravi e abbia avuto la scomunica da parte del vescovo di Cosenza istigato da papa Clemente IV, si è ritrovato nell'Antipurgatorio per volere divino. Qui si dovrà fermare per un TEMPO trenta volte superiore agli anni trascorsi dalla scomunica, TEMPO che si può accorciare con le preghiere dei viventi. Per questo motivo l'uomo chiede a Dante di raccontare del loro incontro a sua figlia, con la speranza che le PREGHIERE della donna possano velocizzare la sua salita sul Purgatorio.

CANTO III

Ripresa del viaggio

Avvegna che la subitana fuga
dispergesse color per la campagna,
rivolti al monte ove ragion ne fruga,   3

i' mi ristrinsi a la fida compagna:
e come sare' io sanza lui corso?
chi m'avria tratto su per la montagna?   6

El mi parea da sé stesso rimorso:
o dignitosa coscïenza e netta,
come t'è picciol fallo amaro morso!   9

Quando li piedi suoi lasciar la fretta,
che l'onestade ad ogn'atto dismaga,
la mente mia, che prima era ristretta,   12

lo 'ntento rallargò, sì come vaga,
e diedi 'l viso mio incontr'al poggio
che 'nverso 'l ciel più alto si dislaga.   15

Lo sol, che dietro fiammeggiava roggio,
rotto m'era dinanzi a la figura,
ch'avëa in me de' suoi raggi l'appoggio.   18

Timori di Dante e il volere divino

Io mi volsi dallato con paura
d'essere abbandonato, quand'io vidi
solo dinanzi a me la terra oscura;   21

e 'l mio conforto: "Perché pur diffidi?",
a dir mi cominciò tutto rivolto;
"non credi tu me teco e ch'io ti guidi?   24

Vespero è già colà dov'è sepolto

lo corpo dentro al quale io facea ombra;
Napoli l' ha, e da Brandizio è tolto. 27

Ora, se innanzi a me nulla s'aombra,
non ti maravigliar più che d'i cieli
che l'uno a l'altro raggio non ingombra. 30

A sofferir tormenti, caldi e geli
simili corpi la Virtù dispone
che, come fa, non vuol ch'a noi si sveli. 33

Matto è chi spera che nostra ragione
possa trascorrer la infinita via
che tiene una sustanza in tre persone. 36

State contenti, umana gente, al quia;
ché, se potuto aveste veder tutto,
mestier non era parturir Maria; 39

e disïar vedeste sanza frutto
tai che sarebbe lor disio quetato,
ch'etternalmente è dato lor per lutto: 42

io dico d'Aristotile e di Plato
e di molt'altri"; e qui chinò la fronte,
e più non disse, e rimase turbato. 45

Noi divenimmo intanto a piè del monte;
quivi trovammo la roccia sì erta,
che 'ndarno vi sarien le gambe pronte. 48

Tra Lerice e Turbìa la più diserta,
la più rotta ruina è una scala,
verso di quella, agevole e aperta. 51

"Or chi sa da qual man la costa cala",
disse 'l maestro mio fermando 'l passo,
"sì che possa salir chi va sanz'ala?".   54

E mentre ch'e' tenendo 'l viso basso
essaminava del cammin la mente,
e io mirava suso intorno al sasso,   57

da man sinistra m'apparì una gente
d'anime, che movieno i piè ver' noi,
e non pareva, sì venïan lente.   60

"Leva", diss'io, "maestro, li occhi tuoi:
ecco di qua chi ne darà consiglio,
se tu da te medesmo aver nol puoi".   63

Guardò allora, e con libero piglio
rispuose: "Andiamo in là, ch'ei vegnon piano;
e tu ferma la spene, dolce figlio".   66

Ancora era quel popol di lontano,
i' dico dopo i nostri mille passi,
quanto un buon gittator trarria con mano,   69

quando si strinser tutti ai duri massi
de l'alta ripa, e stetter fermi e stretti
com'a guardar, chi va dubbiando, stassi.   72

Virgilio si rivolge agli spiriti dei contumaci

"O ben finiti, o già spiriti eletti",
Virgilio incominciò, "per quella pace
ch'i' credo che per voi tutti s'aspetti,   75

ditene dove la montagna giace,
sì che possibil sia l'andare in suso;
ché perder tempo a chi più sa più spiace".   78

Come le pecorelle escon del chiuso
a una, a due, a tre, e l'altre stanno
timidette atterrando l'occhio e 'l muso; 81

e ciò che fa la prima, e l'altre fanno,
addossandosi a lei, s'ella s'arresta,
semplici e quete, e lo 'mperché non sanno; 84

sì vid'io muovere a venir la testa
di quella mandra fortunata allotta,
pudica in faccia e ne l'andare onesta. 87

Come color dinanzi vider rotta
la luce in terra dal mio destro canto,
sì che l'ombra era da me a la grotta, 90

restaro, e trasser sé in dietro alquanto,
e tutti li altri che venieno appresso,
non sappiendo 'l perché, fenno altrettanto. 93

"Sanza vostra domanda io vi confesso
che questo è corpo uman che voi vedete;
per che 'l lume del sole in terra è fesso. 96

Non vi maravigliate, ma credete
che non sanza virtù che da ciel vegna
cerchi di soverchiar questa parete". 99

Così 'l maestro; e quella gente degna
"Tornate", disse, "intrate innanzi dunque",
coi dossi de le man faccendo insegna. 102

Manfredi di Svevia

E un di loro incominciò: "Chiunque
tu se', così andando, volgi 'l viso:
pon mente se di là mi vedesti unque". 105

Io mi volsi ver' lui e guardail fiso:
biondo era e bello e di gentile aspetto,
ma l'un de' cigli un colpo avea diviso. 108

Quand'io mi fui umilmente disdetto
d'averlo visto mai, el disse: "Or vedi";
e mostrommi una piaga a sommo 'l petto. 111

Poi sorridendo disse: "Io son Manfredi,
nepote di Costanza imperadrice;
ond'io ti priego che, quando tu riedi, 114

vadi a mia bella figlia, genitrice
de l'onor di Cicilia e d'Aragona,
e dichi 'l vero a lei, s'altro si dice. 117

Poscia ch'io ebbi rotta la persona
di due punte mortali, io mi rendei,
piangendo, a quei che volontier perdona. 120

Orribil furon li peccati miei;
ma la bontà infinita ha sì gran braccia,
che prende ciò che si rivolge a lei. 123

Se 'l pastor di Cosenza, che a la caccia
di me fu messo per Clemente allora,
avesse in Dio ben letta questa faccia, 126

l'ossa del corpo mio sarieno ancora
in co del ponte presso a Benevento,
sotto la guardia de la grave mora. 129

Or le bagna la pioggia e move il vento
di fuor dal regno, quasi lungo 'l Verde,
dov'e' le trasmutò a lume spento.   132

Per lor maladizion sì non si perde,
che non possa tornar, l'etterno amore,
mentre che la speranza ha fior del verde.   135

Vero è che quale in contumacia more
di Santa Chiesa, ancor ch'al fin si penta,
star li convien da questa ripa in fore,   138

per ognun tempo ch'elli è stato, trenta,
in sua presunzïon, se tal decreto
più corto per buon prieghi non diventa.   141

Vedi oggimai se tu mi puoi far lieto,
revelando a la mia buona Costanza
come m' hai visto, e anco esto divieto;   144

ché qui per quei di là molto s'avanza".

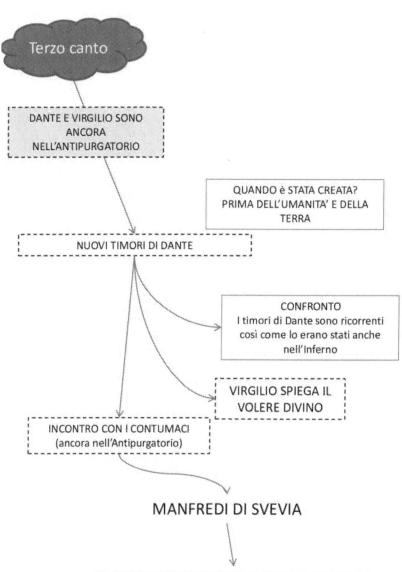

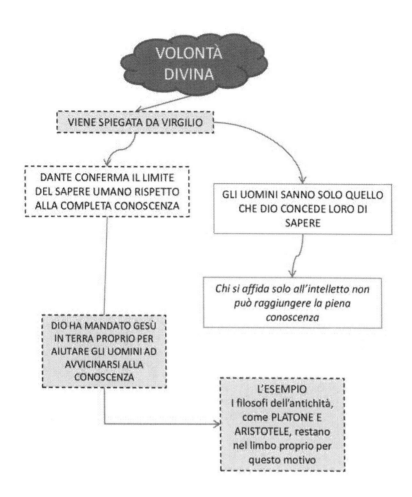

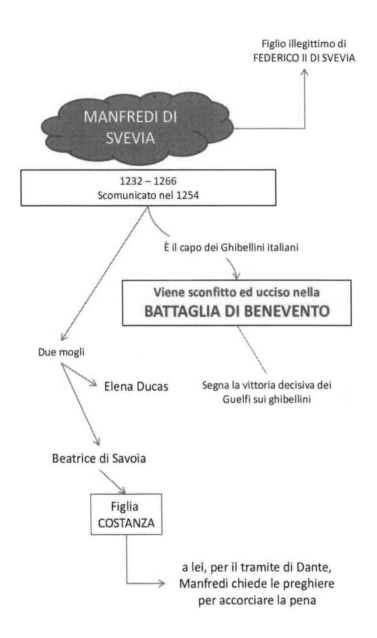

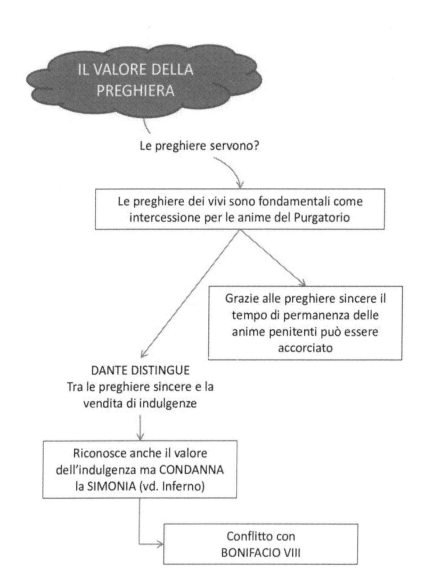

SCHEMATICAMENTE

IL QUARTO CANTO DEL PURGATORIO

IV CANTO

Dante riflette, durante il cammino, sullo scorrere del TEMPO. Il linguaggio della Commedia diventa sempre più aulico e complesso.

CRITICA ALLE TEORIE PLATONICHE

Il poeta muove una critica nei confronti di platonici e manichei convinti dell'esistenza di più anime. Se così fosse, l'uomo sarebbe capace di percepire lo scorrere del TEMPO mentre è concentrato negli avvenimenti della vita nei quali, con gioia o dolore, l'anima è interamente impegnata. Ne è un esempio il suo incontro con MANFREDI, con il quale aveva intrapreso un dialogo talmente interessante da non accorgersi che il sole è ormai nel suo punto più alto.

L'ASCESA SUL MONTE

I due viaggiatori si ritrovano tra le chiacchiere e insieme alle altre anime all'entrata del Purgatorio Dante rimane sempre dietro Virgilio, desideroso di conoscere la strada da intraprendere, che si rivela più ripida e tortuosa di quanto avesse immaginato. Stretta e impervia, sembra essere percorribile solo con le ali divine, il metaforico aiuto divino che ha voluto e permesso il loro viaggio.
Dante, dopo aver percorso un po' di strada è stanco e non riesce a rimanere dietro a Virgilio, il quale lo incita a continuare a seguirlo, almeno fino al primo balzo.

LA POSIZIONE DEL PURGATORIO

Giunti al primo balzo, uno scalino di roccia che cinge il monte, i due si possono finalmente riposare. Volgendo lo sguardo a verso il sole, Dante nota che questo rimane alla sua sinistra. Virgilio,

notando lo stupore del discepolo, spiega che il monte del Purgatorio si trova dalla parte opposta a Gerusalemme. Per questo motivo i due poeti vedono il sole fare un giro da destra verso sinistra, l'esatto opposto di ciò che è possibile osservare da Gerusalemme.
Soddisfatta la sua curiosità Dante si preoccupa del cammino ancora da percorrere, rincuorato però dal fatto che – come spiega Virgilio – la strada diventa meno faticosa quanto più si sale verso il cielo.

L'INCONTRO CON BELACQUA

Mentre i poeti si riposano, una voce li apostrofa ironicamente. I due si avvicinano alla direzione dalla quale sentono provenire la voce e scorgono delle anime intente a riposarsi sotto l'ombra di una roccia. Quella che ha chiamato i due viaggiatori è l'anima di Belacqua, che appare stanco, le sue braccia cingono le sue gambe e lo sguardo è rivolto verso il basso. Dante chiede all'anima il motivo di tanta lentezza e Belacqua spiega che deve ancora scontare del TEMPO nell'antipurgatorio, finché qualcuno dalla terra non riuscirà ad accorciarlo con le PREGHIERE. Il tempo e l'attesa sono per lui causa di sofferenza, ma sono proporzionali al tempo che lui ha perso prima di pentirsi, perciò in realtà sconta la sua pigrizia.

CANTO IV

Riflessione sul trascorrere del tempo

Quando per dilettanze o ver per doglie,
che alcuna virtù nostra comprenda,
l'anima bene ad essa si raccoglie,   3

par ch'a nulla potenza più intenda;
e questo è contra quello error che crede
ch'un'anima sovr'altra in noi s'accenda.   6

E però, quando s'ode cosa o vede
che tegna forte a sé l'anima volta,
vassene 'l tempo e l'uom non se n'avvede;   9

ch'altra potenza è quella che l'ascolta,
e altra è quella c' ha l'anima intera:
questa è quasi legata e quella è sciolta.   12

Di ciò ebb'io esperïenza vera,
udendo quello spirto e ammirando;
ché ben cinquanta gradi salito era   15

lo sole, e io non m'era accorto, quando
venimmo ove quell'anime ad una
gridaro a noi: "Qui è vostro dimando".   18

Verso il primo balzo

Maggiore aperta molte volte impruna
con una forcatella di sue spine
l'uom de la villa quando l'uva imbruna,   21

che non era la calla onde salìne
lo duca mio, e io appresso, soli,
come da noi la schiera si partìne.   24

Vassi in Sanleo e discendesi in Noli,

montasi su in Bismantova e 'n Cacume
con esso i piè; ma qui convien ch'om voli; 27

dico con l'ale snelle e con le piume
del gran disio, di retro a quel condotto
che speranza mi dava e facea lume. 30

Noi salavam per entro 'l sasso rotto,
e d'ogne lato ne stringea lo stremo,
e piedi e man volea il suol di sotto. 33

Poi che noi fummo in su l'orlo suppremo
de l'alta ripa, a la scoperta piaggia,
"Maestro mio", diss'io, "che via faremo?". 36

Ed elli a me: "Nessun tuo passo caggia;
pur su al monte dietro a me acquista,
fin che n'appaia alcuna scorta saggia". 39

Lo sommo er'alto che vincea la vista,
e la costa superba più assai
che da mezzo quadrante a centro lista. 42

Io era lasso, quando cominciai:
"O dolce padre, volgiti, e rimira
com'io rimango sol, se non restai". 45

"Figliuol mio", disse, "infin quivi ti tira",
additandomi un balzo poco in sùe
che da quel lato il poggio tutto gira. 48

Sì mi spronaron le parole sue,
ch'i' mi sforzai carpando appresso lui,
tanto che 'l cinghio sotto i piè mi fue. 51

A seder ci ponemmo ivi ambedui
vòlti a levante ond'eravam saliti,
che suole a riguardar giovare altrui. 54

Li occhi prima drizzai ai bassi liti;
poscia li alzai al sole, e ammirava
che da sinistra n'eravam feriti. 57

Ben s'avvide il poeta ch'ïo stava
stupido tutto al carro de la luce,
ove tra noi e Aquilone intrava. 60

Ond'elli a me: "Se Castore e Poluce
fossero in compagnia di quello specchio
che sù e giù del suo lume conduce, 63

tu vedresti il Zodïaco rubecchio
ancora a l'Orse più stretto rotare,
se non uscisse fuor del cammin vecchio. 66

Come ciò sia, se 'l vuoi poter pensare,
dentro raccolto, imagina Sïòn
con questo monte in su la terra stare 69

sì, ch'amendue hanno un solo orizzòn
e diversi emisperi; onde la strada
che mal non seppe carreggiar Fetòn, 72

vedrai come a costui convien che vada
da l'un, quando a colui da l'altro fianco,
se lo 'ntelletto tuo ben chiaro bada". 75

"Certo, maestro mio", diss'io, "unquanco
non vid'io chiaro sì com'io discerno
là dove mio ingegno parea manco, 78

che 'l mezzo cerchio del moto superno,
che si chiama Equatore in alcun'arte,
e che sempre riman tra 'l sole e 'l verno,   81

per la ragion che di', quinci si parte
verso settentrïon, quanto li Ebrei
vedevan lui verso la calda parte.   84

Ma se a te piace, volontier saprei
quanto avemo ad andar; ché 'l poggio sale
più che salir non posson li occhi miei".   87

<small>Virgilio introduce la montagna del Purgatorio</small>

Ed elli a me: "Questa montagna è tale,
che sempre al cominciar di sotto è grave;
e quant'om più va sù, e men fa male.   90

Però, quand'ella ti parrà soave
tanto, che sù andar ti fia leggero
com'a seconda giù andar per nave,   93

allor sarai al fin d'esto sentiero;
quivi di riposar l'affanno aspetta.
Più non rispondo, e questo so per vero".   96

<small>Belacqua e i pigri</small>

E com'elli ebbe sua parola detta,
una voce di presso sonò: "Forse
che di sedere in pria avrai distretta!".   99

Al suon di lei ciascun di noi si torse,
e vedemmo a mancina un gran petrone,
del qual né io né ei prima s'accorse.   102

Là ci traemmo; e ivi eran persone

che si stavano a l'ombra dietro al sasso
come l'uom per negghienza a star si pone.   105

E un di lor, che mi sembiava lasso,
sedeva e abbracciava le ginocchia,
tenendo 'l viso giù tra esse basso.   108

"O dolce segnor mio", diss'io, "adocchia
colui che mostra sé più negligente
che se pigrizia fosse sua serocchia".   111

Allor si volse a noi e puose mente,
movendo 'l viso pur su per la coscia,
e disse: "Or va tu sù, che se' valente!".   114

Conobbi allor chi era, e quella angoscia
che m'avacciava un poco ancor la lena,
non m'impedì l'andare a lui; e poscia   117

ch'a lui fu' giunto, alzò la testa a pena,
dicendo: "Hai ben veduto come 'l sole
da l'omero sinistro il carro mena?".   120

Li atti suoi pigri e le corte parole
mosser le labbra mie un poco a riso;
poi cominciai: "Belacqua, a me non dole   123

di te omai; ma dimmi: perché assiso
quiritto se' ? attendi tu iscorta,
o pur lo modo usato t' ha' ripriso?".   126

Ed elli: "O frate, andar in sù che porta?
ché non mi lascerebbe ire a' martìri
l'angel di Dio che siede in su la porta.   129

Prima convien che tanto il ciel m'aggiri
di fuor da essa, quanto fece in vita,
perch'io 'ndugiai al fine i buon sospiri,   132

se orazïone in prima non m'aita
che surga sù di cuor che in grazia viva;
l'altra che val, che 'n ciel non è udita?".   135

E già il poeta innanzi mi saliva,
e dicea: "Vienne omai; vedi ch'è tocco
meridïan dal sole, e a la riva   138

cuopre la notte già col piè Morrocco".

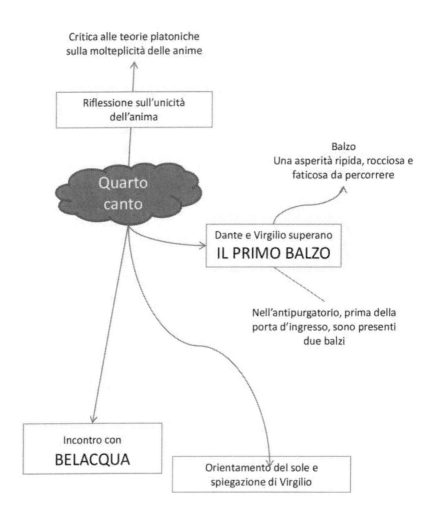

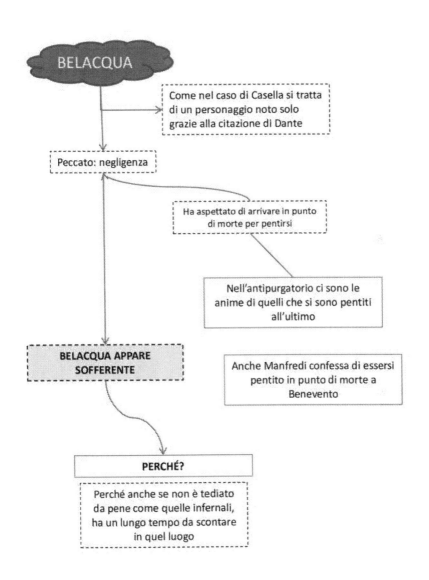

SIAMO ANCORA
NELL'ANTIPURGATORIO

Si passa però
DALLA SPIAGGIA
AL MONTE

PRIMO BALZO

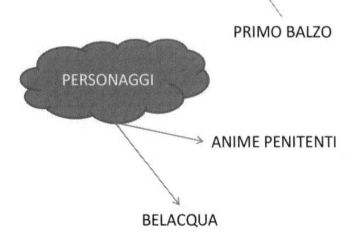

ANIME PENITENTI

BELACQUA

SCHEMATICAMENTE

IL QUINTO CANTO DEL PURGATORIO

V CANTO

Il viaggio dei due poeti riprende, ma viene nuovamente interrotto da un gruppo di anime che si fermano stupite perché Dante non lascia oltrepassare la luce. Bisbigliano chiedendosi chi sia questo viaggiatore ancora in vita e questo porta Dante a rallentare. Il motivo è che, a tutti loro, farebbe comodo ch'egli pregasse per loro o ricordasse ai loro affetti di farlo per diminuire il tempo d'angosciante attesa che li separa da Dio.

IL RIMPROVERO DI VIRGILIO

Virgilio chiede a Dante il motivo di tanto interesse e, con una preziosissima terzina, consiglia a Dante di focalizzarsi sul suo obiettivo senza lasciarsi distrarre dalle anime:

"Vien dietro a me, e lascia dir le genti:
sta come torre ferma, che non crolla
già mai la cima per soffiar di venti"

Dante, diventato rosso per la vergogna, segue Virgilio.

I MORTI IN MODO VIOLENTO PENTITI IN PUNTO DI MORTE

Raggiunti però nuovamente da un gruppo di anime che fino a poco tempo prima stavano intonando un Miserere, queste chiedono a Virgilio chi sia costui. Egli risponde che, come possono vedere, è in carne ed ossa ed esorta le anime a riferire il messaggio alle loro compagne. Un gruppo di anime sempre più numeroso giunge verso i due poeti, con una velocità superiore a quella delle stelle cadenti. Virgilio invita Dante a continuare a camminare mentre ascolta le loro preghiere. Le anime sono quelle dei MORTI IN MODO VIOLENTO PENTITI IN PUNTO DI MORTE, i quali non provano astio verso i loro carnefici ma hanno come unica preoccupazione quello di ricevere delle PREGHIERE per alleviare la sofferenza. Le anime invitano Dante a cercare di riconoscere qualcuno tra loro e ai quali Dante chiede cosa possa fare per loro.

JACOPO DEL CASSERO

Il primo a parlare è JACOPO DEL CASSERO uomo politico originario di Fano che ha combattuto al fianco di Dante e contro BONCONTE DA MONTEFELTRO. Chiede a Virgilio di pregare per lui e di chiedere ai suoi conoscenti di Fano di fare altrettanto per velocizzare l'ascesa ed esaudire il forte desiderio di vedere Dio. JACOPO DEL CASSERO racconta di essere stato ucciso da Azzo d'Este per vendetta in territorio padovano.

BONCONTE DA MONTEFELTRO

Un'altra anima si avvicina a Dante, ed è BONCONTE DA MONTEFELTRO, ghibellino figlio di Guido da Montefeltro e avversario di Dante in vita. Anche lui chiede le preghiere al poeta, dal momento in cui la vedova e gli amici non si curano di lui. Morì in combattimento nel 1289 mentre guidava Arezzo contro i guelfi di Firenze nella battaglia di Campaldino. Dante, riconosciutolo, gli chiede di raccontare che fine abbia fatto il suo corpo che non è mai stato ritrovato. Boncompagnie spiega allora che morì davanti al fiume Archiano, al quale giunse con una ferita alla gola e gridando il nome di Maria. Venne a prenderlo l'angelo di Dio ma con molte proteste da parte del diavolo, il quale reclamava che un pentimento tardivo non fosse sufficiente a evitare l'Inferno.
BONCONTE DA MONTEFELTRO prosegue raccontando il suo racconto spiegando che il diavolo, infuriato, scatenò una tempesta che riempì d'acqua i fiumi fino a trascinare e disperdere il suo corpo, sciogliendo la croce formata dalle sue braccia.

PIA DE' TOLOMEI

Interviene subito dopo BONCONTE DA MONTEFELTRO, PIA DE' TOLOMEI, moglie di Nello de'Pannocchieri podestà di Lucca e di Volterra, che la uccise violentemente. Anche la donna chiede a Dante di pregare per lei, una volta tornato sulla terra e riposatosi.

CANTO V

L'ombra di Dante

Io era già da quell'ombre partito,
e seguitava l'orme del mio duca,
quando di retro a me, drizzando 'l dito,   3

una gridò: "Ve' che non par che luca
lo raggio da sinistra a quel di sotto,
e come vivo par che si conduca!".   6

Li occhi rivolsi al suon di questo motto,
e vidile guardar per maraviglia
pur me, pur me, e 'l lume ch'era rotto.   9

"Perché l'animo tuo tanto s'impiglia",
disse 'l maestro, "che l'andare allenti?
che ti fa ciò che quivi si pispiglia?   12

Vien dietro a me, e lascia dir le genti:
sta come torre ferma, che non crolla
già mai la cima per soffiar di venti;   15

ché sempre l'omo in cui pensier rampolla
sovra pensier, da sé dilunga il segno,
perché la foga l'un de l'altro insolla".   18

Che potea io ridir, se non "Io vegno"?
Dissilo, alquanto del color consperso
che fa l'uom di perdon talvolta degno.   21

I morti per forza

E 'ntanto per la costa di traverso
venivan genti innanzi a noi un poco,
cantando 'Miserere' a verso a verso.   24

Quando s'accorser ch'i' non dava loco
per lo mio corpo al trapassar d'i raggi,

mutar lor canto in un "oh!" lungo e roco; 27

e due di loro, in forma di messaggi,
corsero incontr'a noi e dimandarne:
"Di vostra condizion fatene saggi". 30

E 'l mio maestro: "Voi potete andarne
e ritrarre a color che vi mandaro
che 'l corpo di costui è vera carne. 33

Se per veder la sua ombra restaro,
com'io avviso, assai è lor risposto:
fàccianli onore, ed esser può lor caro". 36

Vapori accesi non vid'io sì tosto
di prima notte mai fender sereno,
né, sol calando, nuvole d'agosto, 39

che color non tornasser suso in meno;
e, giunti là, con li altri a noi dier volta,
come schiera che scorre sanza freno. 42

"Questa gente che preme a noi è molta,
e vegnonti a pregar", disse 'l poeta:
"però pur va, e in andando ascolta". 45

"O anima che vai per esser lieta
con quelle membra con le quai nascesti",
venian gridando, "un poco il passo queta. 48

Guarda s'alcun di noi unqua vedesti,
sì che di lui di là novella porti:
deh, perché vai? deh, perché non t'arresti? 51

Noi fummo tutti già per forza morti,
e peccatori infino a l'ultima ora;

quivi lume del ciel ne fece accorti, 54

sì che, pentendo e perdonando, fora
di vita uscimmo a Dio pacificati,
che del disio di sé veder n'accora". 57

E io: "Perché ne' vostri visi guati,
non riconosco alcun; ma s'a voi piace
cosa ch'io possa, spiriti ben nati, 60

voi dite, e io farò per quella pace
che, dietro a' piedi di sì fatta guida,
di mondo in mondo cercar mi si face". 63

E uno incominciò: "Ciascun si fida
del beneficio tuo sanza giurarlo,
pur che 'l voler nonpossa non ricida. 66

Ond'io, che solo innanzi a li altri parlo,
ti priego, se mai vedi quel paese
che siede tra Romagna e quel di Carlo, 69

che tu mi sie di tuoi prieghi cortese
in Fano, sì che ben per me s'adori
pur ch'i' possa purgar le gravi offese. 72

Quindi fu' io; ma li profondi fóri
ond'uscì 'l sangue in sul quale io sedea,
fatti mi fuoro in grembo a li Antenori, 75

là dov'io più sicuro esser credea:
quel da Esti il fé far, che m'avea in ira
assai più là che dritto non volea. 78

Ma s'io fosse fuggito inver' la Mira,
quando fu' sovragiunto ad Orïaco,

ancor sarei di là dove si spira. 81

Corsi al palude, e le cannucce e 'l braco
m'impigliar sì ch'i' caddi; e lì vid'io
de le mie vene farsi in terra laco". 84

Bonconte da Monteferltro

Poi disse un altro: "Deh, se quel disio
si compia che ti tragge a l'alto monte,
con buona pïetate aiuta il mio! 87

Io fui di Montefeltro, io son Bonconte;
Giovanna o altri non ha di me cura;
per ch'io vo tra costor con bassa fronte". 90

E io a lui: "Qual forza o qual ventura
ti travïò sì fuor di Campaldino,
che non si seppe mai tua sepultura?". 93

"Oh!", rispuos'elli, "a piè del Casentino
traversa un'acqua c' ha nome l'Archiano,
che sovra l'Ermo nasce in Apennino. 96

Là 've 'l vocabol suo diventa vano,
arriva' io forato ne la gola,
fuggendo a piede e sanguinando il piano. 99

Quivi perdei la vista e la parola;
nel nome di Maria fini', e quivi
caddi, e rimase la mia carne sola. 102

Io dirò vero, e tu 'l ridì tra ' vivi:
l'angel di Dio mi prese, e quel d'inferno
gridava: "O tu del ciel, perché mi privi? 105

Tu te ne porti di costui l'etterno
per una lagrimetta che 'l mi toglie;

ma io farò de l'altro altro governo!". 108

Ben sai come ne l'aere si raccoglie
quell'umido vapor che in acqua riede,
tosto che sale dove 'l freddo il coglie. 111

Giunse quel mal voler che pur mal chiede
con lo 'ntelletto, e mosse il fummo e 'l vento
per la virtù che sua natura diede. 114

Indi la valle, come 'l dì fu spento,
da Pratomagno al gran giogo coperse
di nebbia; e 'l ciel di sopra fece intento, 117

sì che 'l pregno aere in acqua si converse;
la pioggia cadde, e a' fossati venne
di lei ciò che la terra non sofferse; 120

e come ai rivi grandi si convenne,
ver' lo fiume real tanto veloce
si ruinò, che nulla la ritenne. 123

Lo corpo mio gelato in su la foce
trovò l'Archian rubesto; e quel sospinse
ne l'Arno, e sciolse al mio petto la croce 126

ch'i' fe' di me quando 'l dolor mi vinse;
voltòmmi per le ripe e per lo fondo,
poi di sua preda mi coperse e cinse". 129

Pia de' Tolomei

"Deh, quando tu sarai tornato al mondo
e riposato de la lunga via",
seguitò 'l terzo spirito al secondo, 132

"ricorditi di me, che son la Pia;
Siena mi fé, disfecemi Maremma:

salsi colui che 'nnanellata pria   135

disposando m'avea con la sua gemma".

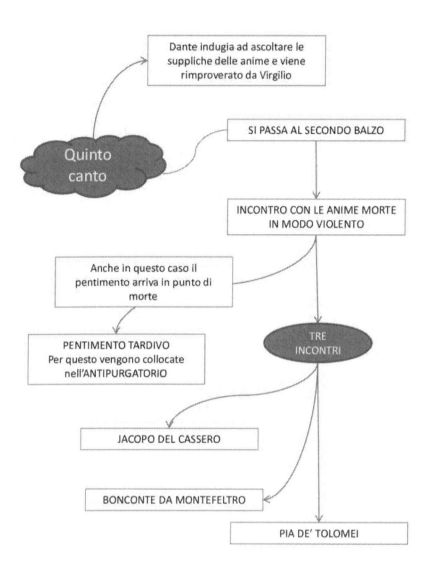

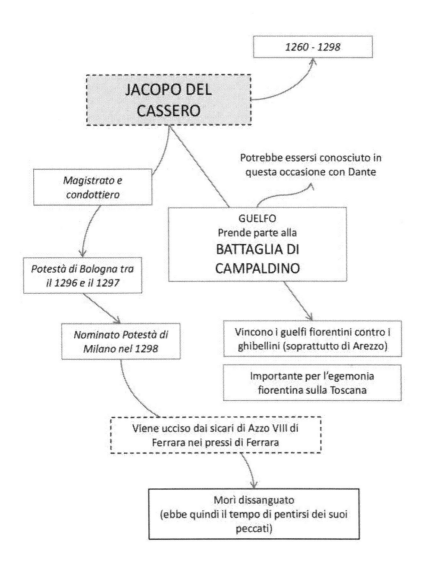

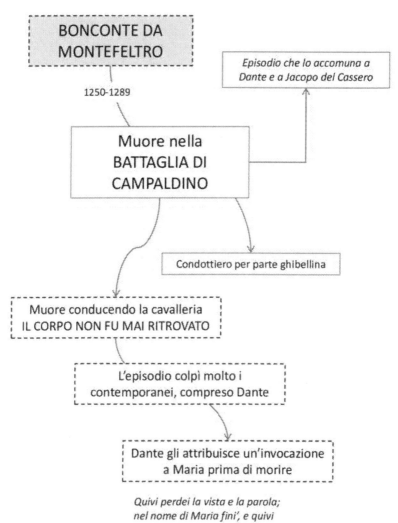

> Quivi perdei la vista e la parola;
> nel nome di Maria finì, e quivi
> caddi, e rimase la mia carne sola.
> Io dirò vero e tu 'l ridì tra' vivi:
> l'angel di Dio mi prese, e quel d'inferno
> gridava: "O tu del ciel, perché mi privi?

> "Ricorditi di me, che son la Pia;
> Siena mi fé, disfecemi Maremma:
> salsi colui che 'nnanellata pria
> disposando m'avea con la sua gemma".

PIA DE' TOLOMEI

Si delinea come una donna di grande gentilezza

CONFRONTO
Anche nel V Canto dell'Inferno troviamo una donna di grande dolcezza, Francesca, che racconta di sé e Paolo

Poche notizie storiche
Senese, segue il marito in maremma dove lui la uccide

Marito
Nello dei Pannocchieschi

Non sono accertati i moventi dell'omicidio ma con la figura di Pia De' Tolomei Dante affronta la questione dell'omicidio coniugale

COLLEGAMENTO CON ATTUALITA': FEMMINICIDI E VIOLENZA SULLE DONNE

La cantante senese Gianna Nannini le ha dedicato nel 2007 un album "Pia come la canto io"

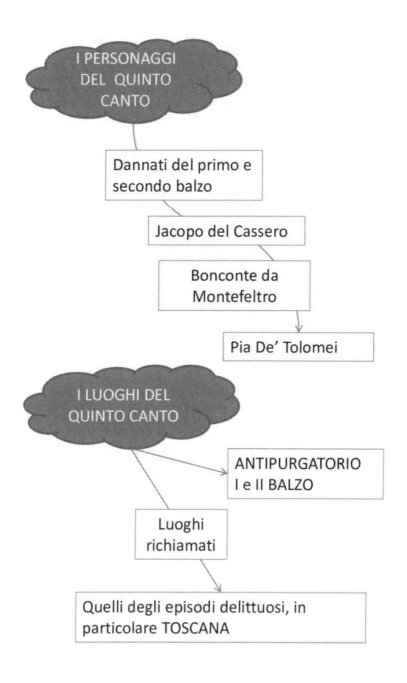

SCHEMATICAMENTE

IL SESTO CANTO DELLA DIVINA COMMEDIA

VI CANTO

Dante cerca di proseguire il suo cammino ma viene continuamente fermato dalle anime, dalle quali cerca di staccarsi promettendo preghiere e ascoltando in parte i loro racconti. Tra questi Dante riconosce Benincasa da Laterin, Guccio dei Tarlati da Pietramala, Federico Novello, Gano degli Scornigiani, Orso degli Alberti e Pierre de la Brosse. Il sesto canto del Paradiso, come avviene anche nell'Inferno e nel Paradiso, è dedicato alla politica.

L'EFFETTO DELLA PREGHIERA

Dante chiede a Virgilio se davvero, come sostengono le anime, le PREGHIERE abbiano effetto oppure – come Virgilio stesso sostiene nell'Eneide – la preghiera non sia in grado di cambiare ciò che è voluto dal cielo. Virgilio spiega a Dante che nei suoi versi le preghiere erano considerate vane perché rivolte da non cristiani. Virgilio sostiene invece che la speranza delle anime sia lecita, anche se la preghiera non è capace di accorciare di molto i tempi e la sofferenza. Spiegazioni ulteriori gli verranno date da Beatrice, che lo attende sulla cima del Purgatorio per accompagnarlo nel viaggio dentro il Paradiso. Desideroso di vedere Beatrice, Dante chiede di proseguire in fretta, ma Virgilio lo mette in guardia: la strada da percorrere è faticosa.

SORDELLO DA GOITO

I due si avvicinano a un'anima che si riposa, intenzionati a chiederle quale sia la via migliore per scalare la vetta. Questa li guarda senza rispondere, ma chiede loro da dove vengono. Risponde Virgilio, che afferma di essere Mantovano. L'anima afferma di avere le stesse origini e corre ad abbracciare Virgilio, che ricambia l'affetto. Si tratta di Sordello da Goito, giullare e uomo di corte.

INVETTIVA DI DANTE CONTRO L'ITALIA

Nel vedere l'abbraccio tra due sconosciuti, uniti dal fatto di essere compatrioti, Dante inizia una sua INVETTIVA contro l'Italia, in cui invece non regna mai la pace, neanche all'interno dello stesso Comune. La colpa è, secondo Dante, della Chiesa Cattolica – mossa anch'essa da sete di potere – e del Sacro Romano Impero, incapaci di mettere in pratica le leggi che Giustiniano scrisse. Dante paragona l'Italia a una nave senza timoniere e accusa l'imperatore Alberto I d'Asburgo di aver abbandonato l'Italia e di aver lasciato la popolazione in mano al caos. Le invocazioni e la disperazione per la sorte dell'Italia sono talmente sentite, che arriva addirittura a invocare Dio (che chiama Giove) in una terzina che suona come un'accusa "(..) i tuoi occhi giusti sono forse rivolti altrove"?.

LA CRITICA VERSO FIRENZE

La critica si sposta dall'Italia a FIRENZE, un tema centrale nel VI canto dell'Inferno. Dante afferma con ironia che Firenze non è afflitta dagli stessi problemi del resto d'Italia, perché i suoi cittadini sono impegnati a mantenere la pace. I fiorentini, a differenza del resto d'Italia, esprimono veloci giudizi verso il prossimo, sono mossi da sete di potere e accettano con piacere le cariche pubbliche. La città cambia spesso moneta, incarichi pubblici e usanze, mostrandosi volubile simile a un malato che non trova riposo e pace.

CANTO VI

Le anime si accalcano attorno a Dante

Quando si parte il gioco de la zara,
colui che perde si riman dolente,
repetendo le volte, e tristo impara;   3

con l'altro se ne va tutta la gente;
qual va dinanzi, e qual di dietro il prende,
e qual dallato li si reca a mente;   6

el non s'arresta, e questo e quello intende;
a cui porge la man, più non fa pressa;
e così da la calca si difende.   9

Tal era io in quella turba spessa,
volgendo a loro, e qua e là, la faccia,
e promettendo mi sciogliea da essa.   12

Quiv'era l'Aretin che da le braccia
fiere di Ghin di Tacco ebbe la morte,
e l'altro ch'annegò correndo in caccia.   15

Quivi pregava con le mani sporte
Federigo Novello, e quel da Pisa
che fé parer lo buon Marzucco forte.   18

Vidi conte Orso e l'anima divisa
dal corpo suo per astio e per inveggia,
com'e' dicea, non per colpa commisa;   21

Pier da la Broccia dico; e qui proveggia,
mentr'è di qua, la donna di Brabante,
sì che però non sia di peggior greggia.   24

Le preghiere e la loro efficacia

Come libero fui da tutte quante

quell'ombre che pregar pur ch'altri prieghi,
sì che s'avacci lor divenir sante,   27

io cominciai: "El par che tu mi nieghi,
o luce mia, espresso in alcun testo
che decreto del cielo orazion pieghi;   30

e questa gente prega pur di questo:
sarebbe dunque loro speme vana,
o non m'è 'l detto tuo ben manifesto?".   33

Ed elli a me: "La mia scrittura è piana;
e la speranza di costor non falla,
se ben si guarda con la mente sana;   36

ché cima di giudicio non s'avvalla
perché foco d'amor compia in un punto
ciò che de' sodisfar chi qui s'astalla;   39

e là dov'io fermai cotesto punto,
non s'ammendava, per pregar, difetto,
perché 'l priego da Dio era disgiunto.   42

Veramente a così alto sospetto
non ti fermar, se quella nol ti dice
che lume fia tra 'l vero e lo 'ntelletto.   45

Non so se 'ntendi: io dico di Beatrice;
tu la vedrai di sopra, in su la vetta
di questo monte, ridere e felice".   48

E io: "Segnore, andiamo a maggior fretta,
ché già non m'affatico come dianzi,
e vedi omai che 'l poggio l'ombra getta".   51

"Noi anderem con questo giorno innanzi",
rispuose, "quanto più potremo omai;
ma 'l fatto è d'altra forma che non stanzi. 54

Prima che sie là sù, tornar vedrai
colui che già si cuopre de la costa,
sì che ' suoi raggi tu romper non fai. 57

Incontro con Sordello da Goito

Ma vedi là un'anima che, posta
sola soletta, inverso noi riguarda:
quella ne 'nsegnerà la via più tosta". 60

Venimmo a lei: o anima lombarda,
come ti stavi altera e disdegnosa
e nel mover de li occhi onesta e tarda! 63

Ella non ci dicëa alcuna cosa,
ma lasciavane gir, solo sguardando
a guisa di leon quando si posa. 66

Pur Virgilio si trasse a lei, pregando
che ne mostrasse la miglior salita;
e quella non rispuose al suo dimando, 69

ma di nostro paese e de la vita
ci 'nchiese; e 'l dolce duca incominciava
"Mantüa..." e l'ombra, tutta in sé romita, 72

surse ver' lui del loco ove pria stava,
dicendo: "O Mantoano, io son Sordello
de la tua terra!"; e l'un l'altro abbracciava. 75

Invettiva contro l'Italia...

Ahi serva Italia, di dolore ostello,
nave sanza nocchiere in gran tempesta,
non donna di provincie, ma bordello! 78

Quell'anima gentil fu così presta,
sol per lo dolce suon de la sua terra,
di fare al cittadin suo quivi festa; 81

e ora in te non stanno sanza guerra
li vivi tuoi, e l'un l'altro si rode
di quei ch'un muro e una fossa serra. 84

Cerca, misera, intorno da le prode
le tue marine, e poi ti guarda in seno,
s'alcuna parte in te di pace gode. 87

Che val perché ti racconciasse il freno
Iustinïano, se la sella è vòta?
Sanz'esso fora la vergogna meno. 90

Ahi gente che dovresti esser devota,
e lasciar seder Cesare in la sella,
se bene intendi ciò che Dio ti nota, 93

guarda come esta fiera è fatta fella
per non esser corretta da li sproni,
poi che ponesti mano a la predella. 96

O Alberto tedesco ch'abbandoni
costei ch'è fatta indomita e selvaggia,
e dovresti inforcar li suoi arcioni, 99

giusto giudicio da le stelle caggia
sovra 'l tuo sangue, e sia novo e aperto,
tal che 'l tuo successor temenza n'aggia! 102

Ch'avete tu e 'l tuo padre sofferto,
per cupidigia di costà distretti,

che 'l giardin de lo 'mperio sia diserto. 105

Vieni a veder Montecchi e Cappelletti,
Monaldi e Filippeschi, uom sanza cura:
color già tristi, e questi con sospetti! 108

Vien, crudel, vieni, e vedi la pressura
d'i tuoi gentili, e cura lor magagne;
e vedrai Santafior com'è oscura! 111

Vieni a veder la tua Roma che piagne
vedova e sola, e dì e notte chiama:
"Cesare mio, perché non m'accompagne?". 114

Vieni a veder la gente quanto s'ama!
e se nulla di noi pietà ti move,
a vergognar ti vien de la tua fama. 117

E se licito m'è, o sommo Giove
che fosti in terra per noi crucifisso,
son li giusti occhi tuoi rivolti altrove? 120

O è preparazion che ne l'abisso
del tuo consiglio fai per alcun bene
in tutto de l'accorger nostro scisso? 123

Ché le città d'Italia tutte piene
son di tiranni, e un Marcel diventa
ogne villan che parteggiando viene. 126

... e contro Firenze

Fiorenza mia, ben puoi esser contenta
di questa digression che non ti tocca,
mercé del popol tuo che si argomenta. 129

Molti han giustizia in cuore, e tardi scocca

per non venir sanza consiglio a l'arco;
ma il popol tuo l' ha in sommo de la bocca. 132

Molti rifiutan lo comune incarco;
ma il popol tuo solicito risponde
sanza chiamare, e grida: "I' mi sobbarco!". 135

Or ti fa lieta, ché tu hai ben onde:
tu ricca, tu con pace e tu con senno!
S'io dico 'l ver, l'effetto nol nasconde. 138

Atene e Lacedemona, che fenno
l'antiche leggi e furon sì civili,
fecero al viver bene un picciol cenno 141

verso di te, che fai tanto sottili
provedimenti, ch'a mezzo novembre
non giugne quel che tu d'ottobre fili. 144

Quante volte, del tempo che rimembre,
legge, moneta, officio e costume
hai tu mutato, e rinovate membre! 147

E se ben ti ricordi e vedi lume,
vedrai te somigliante a quella inferma
che non può trovar posa in su le piume, 150

ma con dar volta suo dolore scherma.

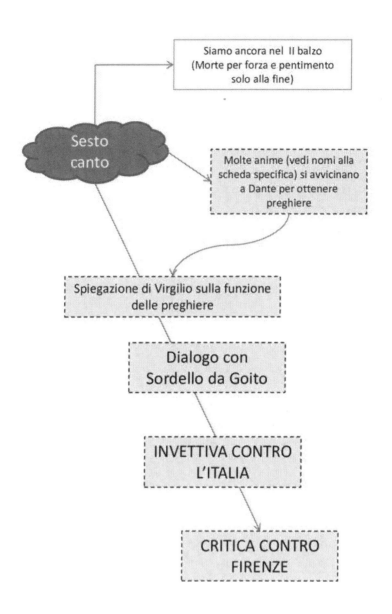

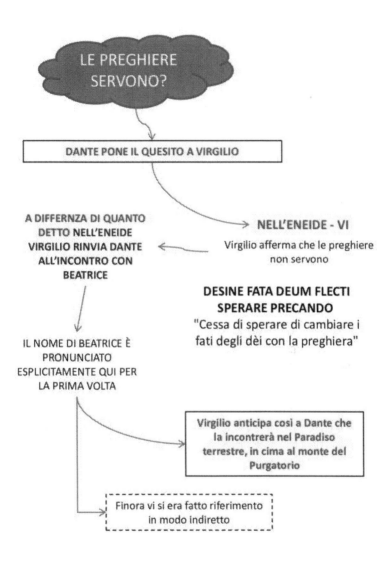

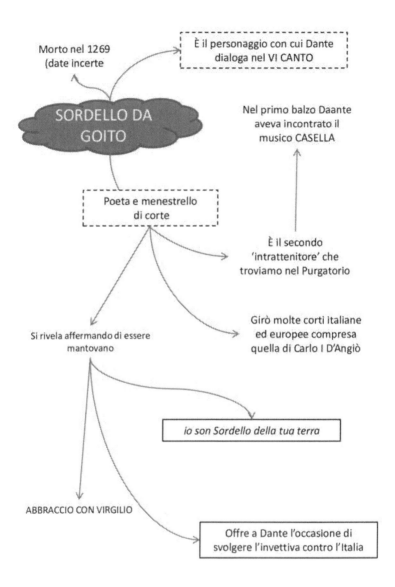

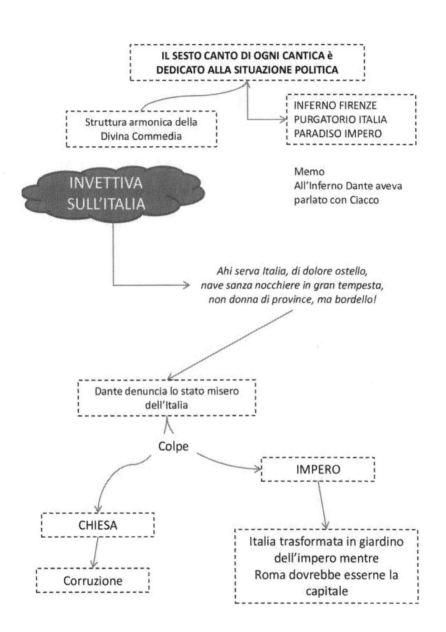

SCHEMATICAMENTE

IL SETTIMO CANTO DEL PURGATORIO

VII CANTO

Il canto riprende dall'abbraccio tra Virgilio e Sordello, poco prima del tramonto, nel secondo balzo dell'Antipurgatorio. Sordello chiede a Virgilio le sue origini e il motivo per il quale si trova in quel luogo.

LA CONDIZIONE DI VIRGILIO

Virgilio spiega a Sordello che la sua colpa non risiede in ciò che ha fatto, ma in ciò che non ha fatto e che si trova in viaggio per accompagnare Dante. Egli infatti si trova nel LIMBO, dal quale non escono lamenti ma sospiri, perché i dannati non vengono torturati ma rimangono eternamente infelici e insoddisfatti perché incapaci di raggiungere Dio. La loro unica colpa è quella di non aver avuto la fede, perché pagani o perché non battezzati. Virgilio spiega a Sordello di essere morto durante il regno di Ottaviano, prima della venuta del Cristianesimo e di essere condannato all'eterna attesa in una condizione simile a quella delle anime che attualmente attendono nell'Antipurgatorio e che accomuna i due uomini. Terminato il suo discorso, chiede a Sordello – che inizialmente era incredulo – la via più veloce per salire sul monte del Purgatorio.

LA SERA NEL PURGATORIO

Sordello non conosce la strada ma sconsiglia di salire al calar delle tenebre e indica un luogo adatto per passare la notte, insieme a un gruppo di altre anime. Il motivo non è un limite fisico, ma l'impossibilità di percorrere un percorso senza luce, con il rischio di cadere più in basso. Ancora una volta è la volontà divina a guidare gli uomini. I due poeti decidono quindi di seguire Sordello, che li conduce verso una valle incavata con una natura rigogliosa, profumata e dai colori più belli di un dipinto (l'opera divina supera ogni opera umana). Si nota come le ambientazioni tetre e cupe dell'Inferno hanno lasciato spazio a colori ed emozionanti paesaggi. La "valletta" ha un'ambientazione simile a quella dell'Eden.

I PRINCIPI NEGLIGENTI

Le anime sedute nella valle sono i PRINCIPI NEGLIGENTI, che intonano il "Salve, Regina" per impiegare il lungo tempo d'attesa. Si tratta delle anime delle persone che nella vita hanno trascurato la fede per dedicarsi a interessi terreni o all'ozio e colpevoli di non aver trasmesso i loro valori agli eredi. I tre uomini decidono di sedersi nella parte alta della valle, mentre Sordello indica a coppie i principi più meritevoli per presentarli ai due viaggiatori. Tra questi nomina Rodolfo I d'Asburgo con Ottocaro II di Boemia, che in vita furono avversari; Filippo III l'Ardito e Enrico I di Navarra, valorosi sovrani che non hanno trasmesso altrettanto valore agli eredi; Pietro III d'Aragona accanto a un Carlo I d'Angiò, anche loro avversari in vita e rammaricati per i loro successori.

CANTO VII

Virgilio si rivela a Sordello

Poscia che l'accoglienze oneste e liete
furo iterate tre e quattro volte,
Sordel si trasse, e disse: "Voi, chi siete?". 3

"Anzi che a questo monte fosser volte
l'anime degne di salire a Dio,
fur l'ossa mie per Ottavian sepolte. 6

Io son **Virgilio**; e per null'altro rio
lo ciel perdei che per non aver fé".
Così rispuose allora il duca mio. 9

Qual è colui che cosa innanzi sé
sùbita vede ond'e' si maraviglia,
che crede e non, dicendo "Ella è ... non è ...", 12

tal parve quelli; e poi chinò le ciglia,
e umilmente ritornò ver' lui,
e abbracciòl là 've 'l minor s'appiglia. 15

"O gloria di Latin", disse, "per cui
mostrò ciò che potea la lingua nostra,
o pregio etterno del loco ond'io fui, 18

qual merito o qual grazia mi ti mostra?
S'io son d'udir le tue parole degno,
dimmi se vien d'inferno, e di qual chiostra". 21

"Per tutt'i cerchi del dolente regno",
rispuose lui, "son io di qua venuto;
virtù del ciel mi mosse, e con lei vegno. 24

Non per far, ma per non fare ho perduto

a veder l'alto Sol che tu disiri
e che fu tardi per me conosciuto.

Virgilio spiega il Limbo

Luogo è là giù non tristo di martìri,
ma di tenebre solo, ove i lamenti
non suonan come guai, ma son sospiri.

Quivi sto io coi pargoli innocenti
dai denti morsi de la morte avante
che fosser da l'umana colpa essenti;

quivi sto io con quei che le tre sante
virtù non si vestiro, e sanza vizio
conobber l'altre e seguir tutte quante.

Ma se tu sai e puoi, alcuno indizio
dà noi per che venir possiam più tosto
là dove purgatorio ha dritto inizio".

La sera in Purgatorio

Rispuose: "Loco certo non c'è posto;
licito m'è andar suso e intorno;
per quanto ir posso, a guida mi t'accosto.

Ma vedi già come dichina il giorno,
e andar sù di notte non si puote;
però è buon pensar di bel soggiorno.

Anime sono a destra qua remote;
se mi consenti, io ti merrò ad esse,
e non sanza diletto ti fier note".

"Com'è ciò?", fu risposto. "Chi volesse
salir di notte, fora elli impedito
d'altrui, o non sarria ché non potesse?".

E 'l buon **Sordello** in terra fregò 'l dito,

dicendo: "Vedi? sola questa riga
non varcheresti dopo 'l sol partito: 54

non però ch'altra cosa desse briga,
che la notturna tenebra, ad ir suso;
quella col nonpoder la voglia intriga. 57

Ben si poria con lei tornare in giuso
e passeggiar la costa intorno errando,
mentre che l'orizzonte il dì tien chiuso". 60

Allora il mio segnor, quasi ammirando,
"Menane", disse, "dunque là 've dici
ch'aver si può diletto dimorando". 63

Poco allungati c'eravam di lici,
quand'io m'accorsi che 'l monte era scemo,
a guisa che i vallon li sceman quici. 66

"Colà", disse quell'ombra, "n'anderemo
dove la costa face di sé grembo;
e là il novo giorno attenderemo". 69

Tra erto e piano era un sentiero schembo,
che ne condusse in fianco de la lacca,
là dove più ch'a mezzo muore il lembo. 72

Oro e argento fine, cocco e biacca,
indaco, legno lucido e sereno,
fresco smeraldo in l'ora che si fiacca, 75

da l'erba e da li fior, dentr'a quel seno
posti, ciascun saria di color vinto,
come dal suo maggiore è vinto il meno. 78

Non avea pur natura ivi dipinto,

ma di soavità di mille odori
vi facea uno incognito e indistinto. 81

'**Salve, Regina**' in sul verde e 'n su' fiori
quindi seder cantando anime vidi,
che per la valle non parean di fuori. 84

"Prima che 'l poco sole omai s'annidi",
cominciò 'l Mantoan che ci avea vòlti,
"tra color non vogliate ch'io vi guidi. 87

Di questo balzo meglio li atti e ' volti
conoscerete voi di tutti quanti,
che ne la lama giù tra essi accolti. 90

I principi negligenti

Colui che più siede alto e fa sembianti
d'aver negletto ciò che far dovea,
e che non move bocca a li altrui canti, 93

Rodolfo imperador fu, che potea
sanar le piaghe c' hanno Italia morta,
sì che tardi per altri si ricrea. 96

L'altro che ne la vista lui conforta,
resse la terra dove l'acqua nasce
che Molta in Albia, e Albia in mar ne porta: 99

Ottacchero ebbe nome, e ne le fasce
fu meglio assai che Vincislao suo figlio
barbuto, cui lussuria e ozio pasce. 102

E quel nasetto che stretto a consiglio
par con colui c' ha sì benigno aspetto,
morì fuggendo e disfiorando il giglio: 105

guardate là come si batte il petto!
L'altro vedete c' ha fatto a la guancia

de la sua palma, sospirando, letto. 108

Padre e suocero son del mal di Francia:
sanno la vita sua viziata e lorda,
e quindi viene il duol che sì li lancia. 111

Quel che par sì membruto e che s'accorda,
cantando, con colui dal maschio naso,
d'ogne valor portò cinta la corda; 114

e se re dopo lui fosse rimaso
lo giovanetto che retro a lui siede,
ben andava il valor di vaso in vaso, 117

che non si puote dir de l'altre rede;
Iacomo e **Federigo** hanno i reami;
del retaggio miglior nessun possiede. 120

Rade volte risurge per li rami
l'umana probitate; e questo vole
quei che la dà, perché da lui si chiami. 123

Anche al nasuto vanno mie parole
non men ch'a l'altro, Pier, che con lui canta,
onde Puglia e Proenza già si dole. 126

Tant'è del seme suo minor la pianta,
quanto, più che Beatrice e Margherita,
Costanza di marito ancor si vanta. 129

Vedete il re de la semplice vita
seder là solo, Arrigo d'Inghilterra:
questi ha ne' rami suoi migliore uscita. 132

Quel che più basso tra costor s'atterra,
guardando in suso, è Guiglielmo marchese,
per cui e Alessandria e la sua guerra 135

fa pianger Monferrato e Canavese".

Questa visione entra in crisi dopo la scoperta dell'America, quando si scopre che esistono milioni di persone vissute senza aver mai potuto conoscere il cristianesimo

COLLEGAMENTI
L'impostazione di Dante sarà un punto di riferimento per il pensiero successivo

È fondamentale per comprendere la visione religiosa di Dante

LA SPIEGAZIONE DI VIRGILIO SUL LIMBO

Io son Virgilio; e per null'altro rio
lo ciel perdei che per non aver fé

Virgilio è nel limbo non per quel che ha fatto ma per quel che non ha fatto

Non è stato battezzato

Virgilio è infatti morto sotto il regno di Ottaviano Augusto

LA SPIEGAZIONE DI VIRGILIO SUL LIMBO

VIRGILIO SPIEGA ANCHE LA CONDIZIONE DELL'ANIMA NEL LIMBO
(dove non subisce pene)

*Luogo è là giù non tristo di martìri,
ma di tenebre solo, ove i lamenti
non suonan come guai, ma son sospiri.*

CHI E' COLLOCATO NEL LIMBO?

BAMBINI NON BATTEZZATI
*pargoli innocenti
dai denti morsi de la morte avante
che fosser da l'umana colpa essenti*

QUELLI CHE NON HANNO CONOSCIUTO IL CRISTIANESIMO MA FURONO COMUNQUE VIRTUOSI
qui io risiedo con coloro che non conobbero le tre virtù teologali, e conobbero e seguirono senza colpa tutte le altre.

VIRGILIO DANTE E SORDELLO
trovano riparo per la notte con

I PRINCIPI NEGLIGENTI

Quelli che in vita non si sono dedicati alla fede preferendo l'ozio o i beni materiali

Quelli che in vita non si sono dedicati alla fede preferendo l'ozio o i beni materiali

Non hanno tramesso agli eredi i valori critiani

COLLEGAMENTI
Da ciò emerge come l'idea del PRINCIPE di Dante è ben diversa da quello di Machiavelli

I PERSONAGGI

Oltre a Dante, Virgilio e Sordello

I PRINCIPI NEGLIGENTI

Rodolfo I d'Asburgo
Ottocaro II di Boemia
Filippo III l'Ardito
Enrico I di Navarra
Pietro III d'Aragona
Carlo I d'Angiò

LUOGHI

Ancora nel II balzo del Purgatorio

Si parla del LIMBO

SCHEMATICAMENTE

L'OTTAVO CANTO DEL PURGATORIO

VIII CANTO

Dante e Virgilio e si trovano nel punto più alto della valletta, mentre Sordello racconta loro la storia delle anime che rimangono in attesa nella valle fiorita. L'attenzione di Dante viene improvvisamente catturata da un avvenimento, per il quale incita il lettore a coglierne il significato allegorico.

L'APPARIZIONE DEGLI ANGELI

In mezzo alla valle fiorita simile all'Eden, improvvisamente una donna tende le braccia verso il cielo come per rivolgersi a Cristo e intona un inno che viene intonato da tutte le anime lì presenti. Nel cielo compaiono due angeli biondi e vestiti di verde chiaro, dotati di spade di fuoco senza punta, che scendono sulla valletta e vanno a posizionarsi sopra le anime. Sordello spiega che si tratta di angeli che vengono dal grembo di Maria e che difendono le anime dal serpente che, a breve, avrebbe fatto irruzione. Poi invita i due viaggiatori a scendere verso il basso e a parlare con le anime.

NINO VISCONTI

Tra le anime presenti Dante scorge subito Nino Visconti, il quale a sua volta si avvicina a salutare. Nino è l'erede del Giudicato di Gallura e nipote del Conte Ugolino, Dante è felice di vederlo tra le anime salve e risponde alle domande di Nino sul motivo del suo viaggio in vita. NINO VISCONTI chiama a sé CORRADO MALASPINA. La questione incuriosisce anche le altre anime, che si avvicinano a Dante per chiedere delle preghiere. Anche Nino chiede a Dante di parlare di lui a sua figlia Giovanna, dal momento in cui sua moglie si è risposata e non prega più per lui e per questo motivo la sua tomba non godrà del simbolo della Gallura.

LE TRE STELLE: FEDE, SPERANZA E CARITÀ

Durante il dialogo con Visconti, l'attenzione di Dante viene catturata dalle STELLE. In cielo non ci sono più le quattro stelle (prudenza, giustizia, fortezza, temperanza) ma hanno preso il loro posto altre tre: fede, speranza e carità. Il loro dialogo viene interrotto da Sordello, che indica un punto nel cielo.

IL SERPENTE

Dal punto indicato da Sordello, spunta fuori una biscia, probabilmente la stessa che aveva tentato i progenitori primordiali nella Valle dell'EDEN. Questa striscia malvagiamente verso le anime ma viene presto messa in fuga dagli Angeli con il battito delle loro ali verde chiaro, che subito ritornano in cielo.

CORRADO MALASPINA

Malgrado gli sconvolgimenti appena avvenuti, un'anima non ha smesso un attimo di guardare Dante. Il Poeta se ne accorge e si volta verso di lui, che premette di non volere preghiere ma notizie dei luoghi in cui è nato. Si tratta di Corrado Malaspina, discendente di Corrado il Vecchio per il quale Dante nutre una sincera ammirazione e al quale dedica ben quattro terzine di lodi, asserendo che la Val di Magra ora gode della fama grazie alla sua famiglia.

CANTO VIII

Le anime in attesa nella valle fiorita

Era già l'ora che volge il disio
ai navicanti e 'ntenerisce il core
lo dì c' han detto ai dolci amici addio;　　　3

e che lo novo peregrin d'amore
punge, se ode squilla di lontano
che paia il giorno pianger che si more;　　　6

quand'io incominciai a render vano
l'udire e a mirare una de l'alme
surta, che l'ascoltar chiedea con mano.　　　9

Ella giunse e levò ambo le palme,
ficcando li occhi verso l'orïente,
come dicesse a Dio: 'D'altro non calme'.　　　12

'Te lucis ante' sì devotamente
le uscìo di bocca e con sì dolci note,
che fece me a me uscir di mente;　　　15

e l'altre poi dolcemente e devote
seguitar lei per tutto l'inno intero,
avendo li occhi a le superne rote.　　　18

Apparizione dei due angeli

Aguzza qui, lettor, ben li occhi al vero,
ché 'l velo è ora ben tanto sottile,
certo che 'l trapassar dentro è leggero.　　　21

Io vidi quello essercito gentile
tacito poscia riguardare in sùe,
quasi aspettando, palido e umìle;　　　24

e vidi uscir de l'alto e scender giùe

due angeli con due spade affocate,
tronche e private de le punte sue. 27

Verdi come fogliette pur mo nate
erano in veste, che da verdi penne
percosse traean dietro e ventilate. 30

L'un poco sovra noi a star si venne,
e l'altro scese in l'opposita sponda,
sì che la gente in mezzo si contenne. 33

Ben discernëa in lor la testa bionda;
ma ne la faccia l'occhio si smarria,
come virtù ch'a troppo si confonda. 36

"Ambo vegnon del grembo di Maria",
disse **Sordello**, "a guardia de la valle,
per lo serpente che verrà vie via". 39

Ond'io, che non sapeva per qual calle,
mi volsi intorno, e stretto m'accostai,
tutto gelato, a le fidate spalle. 42

Nino Visconti

E Sordello anco: "Or avvalliamo omai
tra le grandi ombre, e parleremo ad esse;
grazïoso fia lor vedervi assai". 45

Solo tre passi credo ch'i' scendesse,
e fui di sotto, e vidi un che mirava
pur me, come conoscer mi volesse. 48

Temp'era già che l'aere s'annerava,
ma non sì che tra li occhi suoi e ' miei
non dichiarisse ciò che pria serrava. 51

Ver' me si fece, e io ver' lui mi fei:
giudice Nin gentil, quanto mi piacque
quando ti vidi non esser tra ' rei!   54

Nullo bel salutar tra noi si tacque;
poi dimandò: "Quant'è che tu venisti
a piè del monte per le lontane acque?".   57

"Oh!", diss'io lui, "per entro i luoghi tristi
venni stamane, e sono in prima vita,
ancor che l'altra, sì andando, acquisti".   60

E come fu la mia risposta udita,
Sordello ed elli in dietro si raccolse
come gente di sùbito smarrita.   63

L'uno a **Virgilio** e l'altro a un si volse
che sedea lì, gridando: "Sù, Currado!
vieni a veder che Dio per grazia volse".   66

Poi, vòlto a me: "Per quel singular grado
che tu dei a colui che sì nasconde
lo suo primo perché, che non lì è guado,   69

quando sarai di là da le larghe onde,
dì a Giovanna mia che per me chiami
là dove a li 'nnocenti si risponde.   72

Non credo che la sua madre più m'ami,
poscia che trasmutò le bianche bende,
le quai convien che, misera!, ancor brami.   75

Per lei assai di lieve si comprende
quanto in femmina foco d'amor dura,
se l'occhio o 'l tatto spesso non l'accende.   78

Non le farà sì bella sepultura
la vipera che Melanesi accampa,
com'avria fatto il gallo di Gallura".   81

Così dicea, segnato de la stampa,
nel suo aspetto, di quel dritto zelo
che misuratamente in core avvampa.   84

Dante nota le tre stelle

Li occhi miei ghiotti andavan pur al cielo,
pur là dove le stelle son più tarde,
sì come rota più presso a lo stelo.   87

E 'l duca mio: "Figliuol, che là sù guarde?".
E io a lui: "A quelle tre facelle
di che 'l polo di qua tutto quanto arde".   90

Ond'elli a me: "Le quattro chiare stelle
che vedevi staman, son di là basse,
e queste son salite ov'eran quelle".   93

Arriva il Serpente

Com'ei parlava, e Sordello a sé il trasse
dicendo: "Vedi là 'l nostro avversaro";
e drizzò il dito perché 'n là guardasse.   96

Da quella parte onde non ha riparo
la picciola vallea, era una biscia,
forse qual diede ad Eva il cibo amaro.   99

Tra l'erba e ' fior venìa la mala striscia,
volgendo ad ora ad or la testa, e 'l dosso
leccando come bestia che si liscia.   102

Io non vidi, e però dicer non posso,
come mosser li astor celestïali;

ma vidi bene e l'uno e l'altro mosso.   105

Sentendo fender l'aere a le verdi ali,
fuggì 'l serpente, e li angeli dier volta,
suso a le poste rivolando iguali.   108

Incontro con Corrado da Malaspina

L'ombra che s'era al giudice raccolta
quando chiamò, per tutto quello assalto
punto non fu da me guardare sciolta.   111

"Se la lucerna che ti mena in alto
truovi nel tuo arbitrio tanta cera
quant'è mestiere infino al sommo smalto",   114

cominciò ella, "se novella vera
di Val di Magra o di parte vicina
sai, dillo a me, che già grande là era.   117

Fui chiamato Currado Malaspina;
non son l'antico, ma di lui discesi;
a' miei portai l'amor che qui raffina".   120

"Oh!", diss'io lui, "per li vostri paesi
già mai non fui; ma dove si dimora
per tutta Europa ch'ei non sien palesi?   123

La fama che la vostra casa onora,
grida i segnori e grida la contrada,
sì che ne sa chi non vi fu ancora;   126

e io vi giuro, s'io di sopra vada,
che vostra gente onrata non si sfregia
del pregio de la borsa e de la spada.   129

Uso e natura sì la privilegia,

che, perché il capo reo il mondo torca,
sola va dritta e 'l mal cammin dispregia".   132

Ed elli: "Or va; che 'l sol non si ricorca
sette volte nel letto che 'l Montone
con tutti e quattro i piè cuopre e inforca,   135

che cotesta cortese oppinïone
ti fia chiavata in mezzo de la testa
con maggior chiovi che d'altrui sermone,   138

se corso di giudicio non s'arresta".

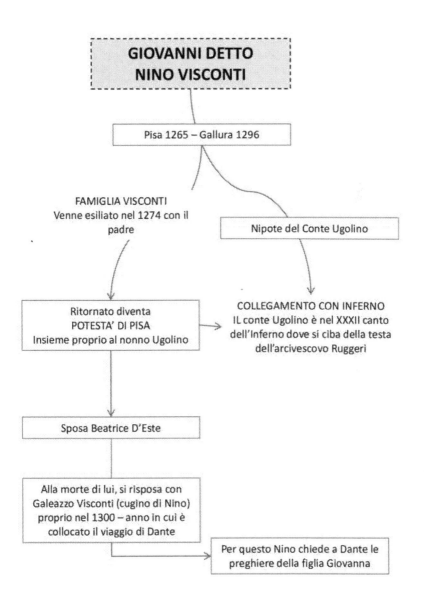

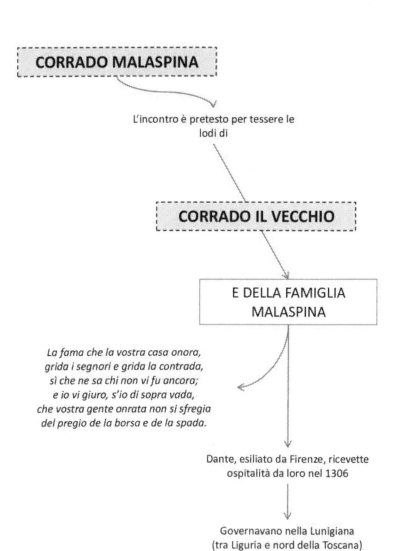

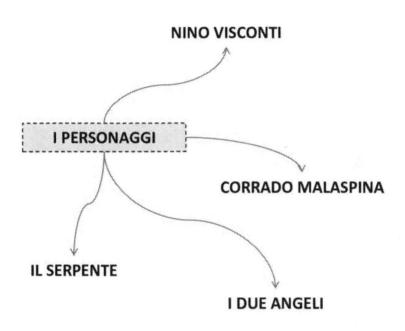

SCHEMATICAMENTE

IL NONO CANTO DEL PURGATORIO

IX CANTO

Dante, stanco dal viaggio, si addormenta. Essendo l'unico dotato di un corpo è l'unico, tra loro, a percepire la stanchezza.

IL SOGNO DELL'AQUILA

Alle prime luci dell'alba il Poeta sogna di vedere un'aquila dalle penne d'oro che volteggia nell'aria. Nel sogno Dante è convinto di essere sul monte Ida, dove Ganimede venne rapito da Giove con le sembianze di un'aquila. L'aquila, dopo aver volteggiato un po', scende verso il Poeta e lo trascina in una sfera di fuoco, nella quale bruciano insieme. La forte agitazione sveglia improvvisamente Dante, che trova Virgilio accanto a lui. Virgilio gli dice che si trova vicino all'entrata del Purgatorio, perché mentre dormiva, una donna che si è presentata con il nome di Lucia lo ha portato fino in cima per aiutarlo nel suo VIAGGIO. Grato e sereno, Dante si tranquillizza e prosegue il suo viaggio insieme a Virgilio.

L'ENTRATA DEL PURGATORIO

Virgilio precede Dante e lo conduce a una piccola porta nella roccia in cima a tre gradini colorati. Nell'ultimo gradino, a guardia della porta, un Angelo silenzioso rimane immobile con una luminosissima spada. Questa riflette la luce al punto da non riuscire a vedere in faccia l'Angelo, che si rivolge ai due forestieri chiedendo il motivo della visita. Virgilio spiega che l'entrata gli è stata indicata da una donna venuta dal cielo e che ha aiutato Dante nel suo cammino. L'angelo li lascia passare.

I TRE GRADINI DEL PURGATORIO

I tre gradini che si devono percorrere prima di giungere alla porta sono una rappresentazione allegorica dei tre momenti della CONFESSIONE: il primo gradino di marmo bianco rappresenta la contritio cordis, la consapevolezza dei peccati. Il secondo gradino, scuro e di pietra ruvida, rappresenta il momento della confessione. Il terzo e ultimo gradino, nel quale era seduto l'Angelo, è quello di colore rosso sangue, il colore del desiderio, e rappresenta satisfactio operis, la soddisfazione per mezzo di opere. Giunti in cima, Virgilio esorta dante a inginocchiarsi al cospetto dell'Angelo, che incide sette P con la sua spada sulla fronte di Dante. Queste rappresentano i sette peccati capitali e il poeta dovrà fare in modo di farle sparire durante il suo viaggio nelle cornici del Purgatorio.

LE CHIAVI DEL PURGATORIO

L'Angelo del Purgatorio a questo punto tira fuori due CHIAVI, una argentata e una dorata che gli sono state donate da San Pietro. La prima rappresenta l'arte e l'ingegno del creatore nel riconoscere le anime meritevoli di espiazione; la seconda, più preziosa, rappresenta l'autorità di Dio nell'assolverli. L'Angelo racconta che le chiavi devono funzionare entrambe per riuscire ad aprire la porta. Si tratta di una velata critica alla Chiesa, che nel 1300 con la vendita delle indulgenze concedeva la grazia a chi non lo meritava. Oltre la porta del Purgatorio si sente il canto del Te Deum laudamu, l'Angelo prima di lasciarli andare raccomanda di non voltarsi indietro.

CANTO IX

Dante si addormenta

La concubina di Titone antico
già s'imbiancava al balco d'orïente,
fuor de le braccia del suo dolce amico; 3

di gemme la sua fronte era lucente,
poste in figura del freddo animale
che con la coda percuote la gente; 6

e la notte, de' passi con che sale,
fatti avea due nel loco ov'eravamo,
e 'l terzo già chinava in giuso l'ale; 9

quand'io, che meco avea di quel d'Adamo,
vinto dal sonno, in su l'erba inchinai
là 've già tutti e cinque sedavamo. 12

Ne l'ora che comincia i tristi lai
la rondinella presso a la mattina,
forse a memoria de' suo' primi guai, 15

e che la mente nostra, peregrina
più da la carne e men da' pensier presa,
a le sue visïon quasi è divina, 18

il sogno dell'aquila

in sogno mi parea veder sospesa
un'aguglia nel ciel con penne d'oro,
con l'ali aperte e a calare intesa; 21

ed esser mi parea là dove fuoro
abbandonati i suoi da Ganimede,
quando fu ratto al sommo consistoro. 24

Fra me pensava: 'Forse questa fiede
pur qui per uso, e forse d'altro loco
disdegna di portarne suso in piede'. 27

Poi mi parea che, poi rotata un poco,
terribil come folgor discendesse,
e me rapisse suso infino al foco. 30

Ivi parea che ella e io ardesse;
e sì lo 'ncendio imaginato cosse,
che convenne che 'l sonno si rompesse. 33

Non altrimenti Achille si riscosse,
li occhi svegliati rivolgendo in giro
e non sappiendo là dove si fosse, 36

quando la madre da Chirón a Schiro
trafuggò lui dormendo in le sue braccia,
là onde poi li Greci il dipartiro; 39

che mi scoss'io, sì come da la faccia
mi fuggì 'l sonno, e diventa' ismorto,
come fa l'uom che, spaventato, agghiaccia. 42

Dallato m'era solo il mio conforto,
e 'l sole er'alto già più che due ore,
e 'l viso m'era a la marina torto. 45

"Non aver tema", disse il mio segnore;
"fatti sicur, ché noi semo a buon punto;
non stringer, ma rallarga ogne vigore. 48

Tu se' omai al purgatorio giunto:
vedi là il balzo che 'l chiude dintorno;
vedi l'entrata là 've par digiunto. 51

Dianzi, ne l'alba che procede al giorno,
quando l'anima tua dentro dormia,
sovra li fiori ond'è là giù addorno   54

venne una donna, e disse: "I' son Lucia;
lasciatemi pigliar costui che dorme;
sì l'agevolerò per la sua via".   57

Sordel rimase e l'altre genti forme;
ella ti tolse, e come 'l dì fu chiaro,
sen venne suso; e io per le sue orme.   60

Qui ti posò, ma pria mi dimostraro
li occhi suoi belli quella intrata aperta;
poi ella e 'l sonno ad una se n'andaro".   63

A guisa d'uom che 'n dubbio si raccerta
e che muta in conforto sua paura,
poi che la verità li è discoperta,   66

mi cambia' io; e come sanza cura
vide me 'l duca mio, su per lo balzo
si mosse, e io di rietro inver' l'altura.   69

Ingresso del Purgatorio e Angelo guardiano

Lettor, tu vedi ben com'io innalzo
la mia matera, e però con più arte
non ti maravigliar s'io la rincalzo.   72

Noi ci appressammo, ed eravamo in parte
che là dove pareami prima rotto,
pur come un fesso che muro diparte,   75

vidi una porta, e tre gradi di sotto

per gire ad essa, di color diversi,
e un portier ch'ancor non facea motto. 78

E come l'occhio più e più v'apersi,
vidil seder sovra 'l grado sovrano,
tal ne la faccia ch'io non lo soffersi; 81

e una spada nuda avëa in mano,
che reflettëa i raggi sì ver' noi,
ch'io dirizzava spesso il viso in vano. 84

"Dite costinci: che volete voi?",
cominciò elli a dire, "ov'è la scorta?
Guardate che 'l venir sù non vi nòi". 87

"Donna del ciel, di queste cose accorta",
rispuose 'l mio maestro a lui, "pur dianzi
ne disse: "Andate là: quivi è la porta"". 90

"Ed ella i passi vostri in bene avanzi",
ricominciò il cortese portinaio:
"Venite dunque a' nostri gradi innanzi". 93

Là ne venimmo; e lo scaglion primaio
bianco marmo era sì pulito e terso,
ch'io mi specchiai in esso qual io paio. 96

Era il secondo tinto più che perso,
d'una petrina ruvida e arsiccia,
crepata per lo lungo e per traverso. 99

Lo terzo, che di sopra s'ammassiccia,
porfido mi parea, sì fiammeggiante
come sangue che fuor di vena spiccia. 102

Sovra questo tenëa ambo le piante
l'angel di Dio sedendo in su la soglia
che mi sembiava pietra di diamante. 105

Per li tre gradi sù di buona voglia
mi trasse il duca mio, dicendo: "Chiedi
umilemente che 'l serrame scioglia". 108

Divoto mi gittai a' santi piedi;
misericordia chiesi e ch'el m'aprisse,
ma tre volte nel petto pria mi diedi. 111

Le sette P sulla fronte di Dante e ingresso nel Purgatorio

Sette P ne la fronte mi descrisse
col punton de la spada, e "Fa che lavi,
quando se' dentro, queste piaghe" disse. 114

Cenere, o terra che secca si cavi,
d'un color fora col suo vestimento;
e di sotto da quel trasse due chiavi. 117

L'una era d'oro e l'altra era d'argento;
pria con la bianca e poscia con la gialla
fece a la porta sì, ch'i' fu' contento. 120

"Quandunque l'una d'este chiavi falla,
che non si volga dritta per la toppa",
diss'elli a noi, "non s'apre questa calla. 123

Più cara è l'una; ma l'altra vuol troppa
d'arte e d'ingegno avanti che diserri,
perch'ella è quella che 'l nodo digroppa. 126

Da Pier le tegno; e dissemi ch'i' erri
anzi ad aprir ch'a tenerla serrata,
pur che la gente a' piedi mi s'atterri". 129

Poi pinse l'uscio a la porta sacrata,
dicendo: "Intrate; ma facciovi accorti
che di fuor torna chi 'n dietro si guata".　　　132

E quando fuor ne' cardini distorti
li spigoli di quella regge sacra,
che di metallo son sonanti e forti,　　　135

non rugghiò sì né si mostrò sì acra
Tarpëa, come tolto le fu il buono
Metello, per che poi rimase macra.　　　138

Io mi rivolsi attento al primo tuono,
e 'Te Deum laudamus' mi parea
udire in voce mista al dolce suono.　　　141

Tale imagine a punto mi rendea
ciò ch'io udiva, qual prender si suole
quando a cantar con organi si stea;　　　144

ch'or sì or no s'intendon le parole.

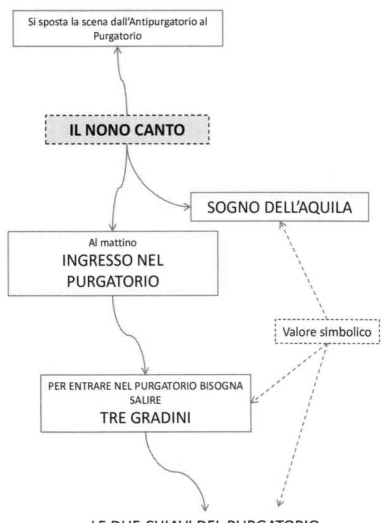

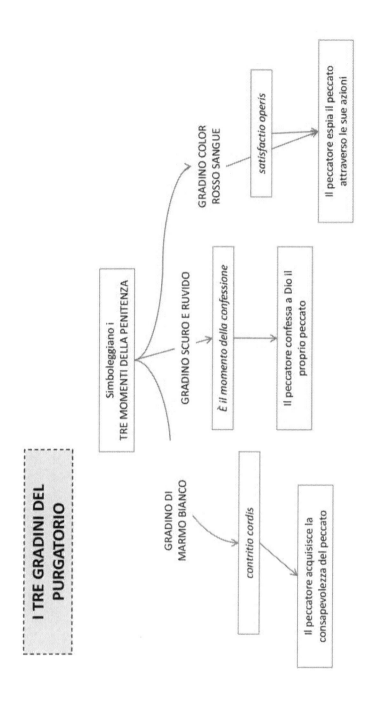

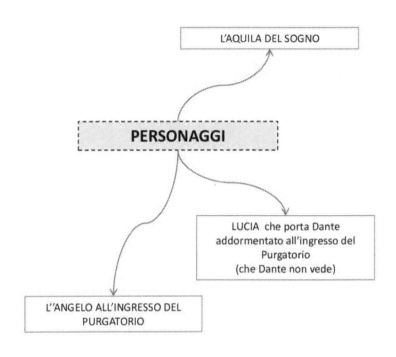

SCHEMATICAMENTE

IL DECIMO CANTO DEL PURGATORIO

X CANTO

LE SCULTURE DEL PURGATORIO

La porta del Purgatorio si chiude rumorosamente alle spalle dei viaggiatori, che non si voltano a guardare. Dopo un breve ma tortuoso percorso, si ritrovano nella prima cornice del Purgatorio, dalla quale si possono osservare paesaggi deserti. Dante nota che nella roccia sono scolpite delle figure, con un'accuratezza tale da lasciare stupefatto non solo Policleto ma la stessa natura. Sono talmente realistiche da poterle sentire parlare e poter capire i dialoghi tra loro con il solo sguardo, e questa non può che essere un'opera divina. Rappresentano tre ESEMPI DI UMILTÀ.

I TRE ESEMPI DI UMILTÀ

La prima scultura rappresenta la scena dell'Arcangelo Gabriele che porta l'annuncio della nascita di Gesù a Maria. La seconda scultura, poco più lontana, rappresenta il carro che portò L'Arca Santa a Gerusalemme, preceduta dal Re David e dagli ebrei che sembravano cantare. Poco lontana, è rappresentata anche la moglie del Re David, che lo guarda sprezzante. L'ultima scena che Dante riesce a scorgere è quella che rappresenta la gloria dell'imperatore Traiano, raffigurato a cavallo mentre una vedova gli si avvicina in lacrime per chiedere giustizia per suo figlio, ucciso ingiustamente, mentre lui promette di aiutarla. I due poeti interrompono l'osservazione delle sculture e rivolgono lo sguardo verso un gruppo di anime che si avvicinano a loro.

I SUPERBI

Le anime che camminano verso i due poeti proseguono lentamente e Dante si accorge presto che sono curve e che nelle loro spalle portano dei grandi massi. Si tratta del peso del proprio ego in vita, che tuttavia non saranno condannati a portare per sempre, infatti la loro pena non si protrarrà oltre il giorno del GIUDIZIO. Anche le anime dei superbi ricordano i capitelli che sorreggono l'architrave delle chiese romaniche. Dante inveisce contro la superbia, che non permette agli insetti (ai cristiani) la trasformazione in angelica farfalla (la libertà dal peccato).

CANTO X

Ingresso nel Purgatorio

Poi fummo dentro al soglio de la porta
che 'l mal amor de l'anime disusa,
perché fa parer dritta la via torta, 3

sonando la senti' esser richiusa;
e s'io avesse li occhi vòlti ad essa,
qual fora stata al fallo degna scusa? 6

Noi salavam per una pietra fessa,
che si moveva e d'una e d'altra parte,
sì come l'onda che fugge e s'appressa. 9

"Qui si conviene usare un poco d'arte",
cominciò 'l duca mio, "in accostarsi
or quinci, or quindi al lato che si parte". 12

E questo fece i nostri passi scarsi,
tanto che pria lo scemo de la luna
rigiunse al letto suo per ricorcarsi, 15

che noi fossimo fuor di quella cruna;
ma quando fummo liberi e aperti
sù dove il monte in dietro si rauna, 18

ïo stancato e amendue incerti
di nostra via, restammo in su un piano
solingo più che strade per diserti. 21

Da la sua sponda, ove confina il vano,
al piè de l'alta ripa che pur sale,
misurrebbe in tre volte un corpo umano; 24

e quanto l'occhio mio potea trar d'ale,
or dal sinistro e or dal destro fianco,
questa cornice mi parea cotale. 27

Esempi di umiltà: l'annunciazione

Là sù non eran mossi i piè nostri anco,
quand'io conobbi quella ripa intorno
che dritto di salita avea manco, 30

esser di marmo candido e addorno
d'intagli sì, che non pur Policleto,
ma la natura lì avrebbe scorno. 33

L'angel che venne in terra col decreto
de la molt'anni lagrimata pace,
ch'aperse il ciel del suo lungo divieto, 36

dinanzi a noi pareva sì verace
quivi intagliato in un atto soave,
che non sembiava imagine che tace. 39

Giurato si saria ch'el dicesse 'Ave!';
perché iv'era imaginata quella
ch'ad aprir l'alto amor volse la chiave; 42

e avea in atto impressa esta favella
'Ecce ancilla Deï', propriamente
come figura in cera si suggella. 45

Umiltà - Davide che riporta l'arca

"Non tener pur ad un loco la mente",
disse 'l dolce maestro, che m'avea
da quella parte onde 'l cuore ha la gente. 48

Per ch'i' mi mossi col viso, e vedea
di retro da Maria, da quella costa
onde m'era colui che mi movea, 51

un'altra storia ne la roccia imposta;
per ch'io varcai **Virgilio**, e fe' mi presso,
acciò che fosse a li occhi miei disposta. 54

Era intagliato lì nel marmo stesso
lo carro e ' buoi, traendo l'arca santa,
per che si teme officio non commesso. 57

Dinanzi parea gente; e tutta quanta,
partita in sette cori, a' due mie' sensi
faceva dir l'un 'No', l'altro 'Sì, canta'. 60

Similemente al fummo de li 'ncensi
che v'era imaginato, li occhi e 'l naso
e al sì e al no discordi fensi. 63

Lì precedeva al benedetto vaso,
trescando alzato, l'umile salmista,
e più e men che re era in quel caso. 66

Di contra, effigïata ad una vista
d'un gran palazzo, Micòl ammirava
sì come donna dispettosa e trista. 69

I' mossi i piè del loco dov'io stava,
per avvisar da presso un'altra istoria,
che di dietro a Micòl mi biancheggiava. 72

Umiltà- Traiano e la vedova

Quiv'era storïata l'alta gloria
del roman principato, il cui valore
mosse Gregorio a la sua gran vittoria; 75

i' dico di Traiano imperadore;
e una vedovella li era al freno,

di lagrime atteggiata e di dolore. 78

Intorno a lui parea calcato e pieno
di cavalieri, e l'aguglie ne l'oro
sovr'essi in vista al vento si movieno. 81

La miserella intra tutti costoro
pareva dir: "Segnor, fammi vendetta
di mio figliuol ch'è morto, ond'io m'accoro"; 84

ed elli a lei rispondere: "Or aspetta
tanto ch'i' torni"; e quella: "Segnor mio",
come persona in cui dolor s'affretta, 87

"se tu non torni?"; ed ei: "Chi fia dov'io,
la ti farà"; ed ella: "L'altrui bene
a te che fia, se 'l tuo metti in oblio?"; 90

ond'elli: "Or ti conforta; ch'ei convene
ch'i' solva il mio dovere anzi ch'i' mova:
giustizia vuole e pietà mi ritene". 93

Colui che mai non vide cosa nova
produsse esto visibile parlare,
novello a noi perché qui non si trova. 96

Virgilio e Dante incontrano i superbi

Mentr'io mi dilettava di guardare
l'imagini di tante umilitadi,
e per lo fabbro loro a veder care, 99

"Ecco di qua, ma fanno i passi radi",
mormorava il poeta, "molte genti:
questi ne 'nvïeranno a li alti gradi". 102

Li occhi miei, ch'a mirare eran contenti

per veder novitadi ond'e' son vaghi,
volgendosi ver' lui non furon lenti. 105

Non vo' però, lettor, che tu ti smaghi
di buon proponimento per udire
come Dio vuol che 'l debito si paghi. 108

Non attender la forma del martìre:
pensa la succession; pensa ch'al peggio
oltre la gran sentenza non può ire. 111

Io cominciai: "Maestro, quel ch'io veggio
muovere a noi, non mi sembian persone,
e non so che, sì nel veder vaneggio". 114

Ed elli a me: "La grave condizione
di lor tormento a terra li rannicchia,
sì che ' miei occhi pria n'ebber tencione. 117

Ma guarda fiso là, e disviticchia
col viso quel che vien sotto a quei sassi:
già scorger puoi come ciascun si picchia". 120

O superbi cristian, miseri lassi,
che, de la vista de la mente infermi,
fidanza avete ne' retrosi passi, 123

non v'accorgete voi che noi siam vermi
nati a formar l'angelica farfalla,
che vola a la giustizia sanza schermi? 126

Di che l'animo vostro in alto galla,
poi siete quasi antomata in difetto,
sì come vermo in cui formazion falla? 129

Come per sostentar solaio o tetto,
per mensola talvolta una figura
si vede giugner le ginocchia al petto,   132

la qual fa del non ver vera rancura
nascere 'n chi la vede; così fatti
vid'io color, quando puosi ben cura.   135

Vero è che più e meno eran contratti
secondo ch'avien più e meno a dosso;
e qual più pazïenza avea ne li atti,   138

piangendo parea dicer: 'Più non posso'.

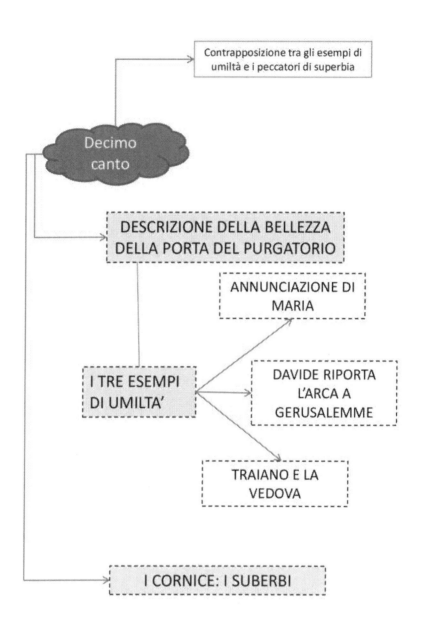

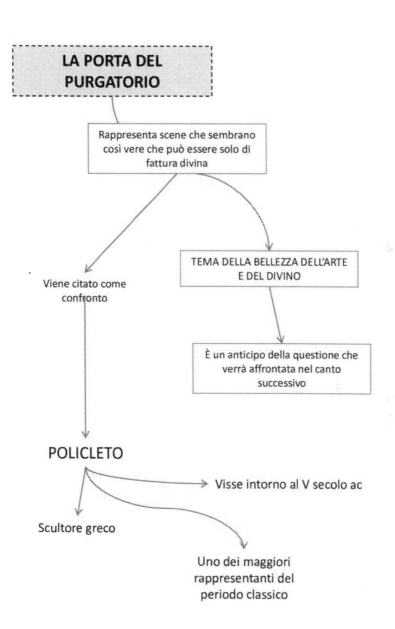

I TRE ESEMPI DI UMILTA' SCOLPITI SULLA PORTA

NUOVO TESTAMENTO
- L'arcangelo Gabriele annuncia a Maria che è incinta di Gesù → *Ecce ancilla Dei*

VECCHIO TESTAMENTO
- Viene rappresentato Re Davide che danza mentre porta l'Arca al Tempio → *l'umile salmista*

IMPERO
- Viene rappresentata la scena di Traiano che rende giustizia ad una vedova
  → È una storia diffusa nel Medioevo perché rappresentata in molti archi dedicati a Traiano

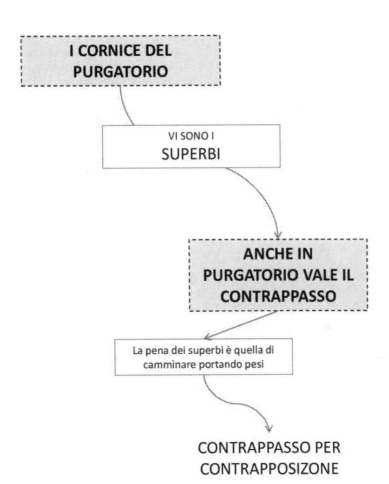

PERSONAGGI

GLI UMILI

Le statue della porta: l'angelo Gabriele e Maria, Davide, Traiano, la vedova

Citati
Papa Gregorio Magno
Policleto

I SUPERBI

Gruppo di anime di cui si vede la pena e che si conosceranno nei canti successivi

LUOGHI

Ingresso al Purgatorio
PRIMA CORNICE

SCHEMATICAMENTE

L'UNDICESIMO CANTO DEL PURGATORIO

XI CANTO

Le anime dei superbi recitano insieme il Pater Noster, invocando la grazia di Dio e dedicando le loro preghiere a chi è ancora in vita. Dante ragiona sul fatto che i morti facciano spesso le preghiere per i vivi e che sarebbe opportuno che anche i vivi facessero lo stesso per loro. Virgilio chiede alle anime quale sia il percorso più opportuno da intraprendere per una persona dotata di corpo, come è Dante.

OMBERTO ALDOBRANDESCHI

A indicare la strada ai due poeti è OMBERTO ALDOBRANDESCHI, la cui superbia per la sua agiata condizione di nascita, ancora fa vergognare i suoi eredi. Fu guelfo e morì soffocato nel letto ucciso dai senesi.

ODERISI DA GUBBIO

Dante riconosce un'anima, tra quelle presenti. Si tratta di ODERISI DA GUBBIO, grande artista della miniatura. Egli ammette – a differenza di quanto ebbe sostenuto durante la sua vita – di essere secondo nella sua arte a FRANCO BOLOGNESE, anche lui esperto nelle miniature. L'uomo racconta a Dante che in vita si è macchiato di superbia per rincorrere una gloria che dura un tempo brevissimo se paragonato all'eternità, e che ci sarà sempre qualcuno a superare la bravura degli altri. Ne sono un esempio GUIDO GUINIZELLI che Dante incontrerà dopo poco e che venne presto superato da GUIDO CAVALCANTI. L'uomo afferma poi che la persona che cammina davanti a loro è PROVENZAN SALVANI.

PROVENZAN SALVANI

Oderisi da Gubbio parla di Provenzan Salvani, padrone di Siena che un tempo era noto in tutta la Toscana, ma del quale ora a stento si ricorda il nome. Egli è costretto a trasportare il masso che spetta a chi osa troppo durante la vita. Dante chiede come mai l'uomo non stia nell'Antipurgatorio, insieme alle persone che si sono convertite troppo tardi. Oderisi gli spiega che l'uomo, per salvare un amico dalla prigionia di Carlo I d'Angiò, fu costretto a umiliarsi chiedendo l'elemosina in piazza ed è questo gesto che gli ha fatto meritare il Purgatorio. Poi Oderisi predice l'ESILIO A DANTE, asserendo che passerà poco tempo prima che egli stesso possa sperimentare qualcosa di simile.

CANTO XI

Ancora tra i superbi

"O Padre nostro, che ne' cieli stai,
non circunscritto, ma per più amore
ch'ai primi effetti di là sù tu hai,   3

laudato sia 'l tuo nome e 'l tuo valore
da ogne creatura, com'è degno
di render grazie al tuo dolce vapore.   6

Vegna ver' noi la pace del tuo regno,
ché noi ad essa non potem da noi,
s'ella non vien, con tutto nostro ingegno.   9

Come del suo voler li angeli tuoi
fan sacrificio a te, cantando osanna,
così facciano li uomini de' suoi.   12

Dà oggi a noi la cotidiana manna,
sanza la qual per questo aspro diserto
a retro va chi più di gir s'affanna.   15

E come noi lo mal ch'avem sofferto
perdoniamo a ciascuno, e tu perdona
benigno, e non guardar lo nostro merto.   18

Nostra virtù che di legger s'adona,
non spermentar con l'antico avversaro,
ma libera da lui che sì la sprona.   21

Quest'ultima preghiera, segnor caro,
già non si fa per noi, ché non bisogna,
ma per color che dietro a noi restaro".   24

Così a sé e noi buona ramogna

quell'ombre orando, andavan sotto 'l pondo,
simile a quel che talvolta si sogna,   27

disparmente angosciate tutte a tondo
e lasse su per la prima cornice,
purgando la caligine del mondo.   30

Se di là sempre ben per noi si dice,
di qua che dire e far per lor si puote
da quei c' hanno al voler buona radice?   33

Ben si de' loro atar lavar le note
che portar quinci, sì che, mondi e lievi,
possano uscire a le stellate ruote.   36

"Deh, se giustizia e pietà vi disgrievi
tosto, sì che possiate muover l'ala,
che secondo il disio vostro vi lievi,   39

mostrate da qual mano inver' la scala
si va più corto; e se c'è più d'un varco,
quel ne 'nsegnate che men erto cala;   42

ché questi che vien meco, per lo 'ncarco
de la carne d'Adamo onde si veste,
al montar sù, contra sua voglia, è parco".   45

Omberto Aldobrandeschi

Le lor parole, che rendero a queste
che dette avea colui cu' io seguiva,
non fur da cui venisser manifeste;   48

ma fu detto: "A man destra per la riva
con noi venite, e troverete il passo
possibile a salir persona viva.   51

E s'io non fossi impedito dal sasso
che la cervice mia superba doma,
onde portar convienmi il viso basso,   54

cotesti, ch'ancor vive e non si noma,
guardere' io, per veder s'i' 'l conosco,
e per farlo pietoso a questa soma.   57

Io fui latino e nato d'un gran Tosco:
Guiglielmo Aldobrandesco fu mio padre;
non so se 'l nome suo già mai fu vosco.   60

L'antico sangue e l'opere leggiadre
d'i miei maggior mi fer sì arrogante,
che, non pensando a la comune madre,   63

ogn'uomo ebbi in despetto tanto avante,
ch'io ne mori', come i Sanesi sanno,
e sallo in Campagnatico ogne fante.   66

Io sono Omberto; e non pur a me danno
superbia fa, ché tutti miei consorti
ha ella tratti seco nel malanno.   69

E qui convien ch'io questo peso porti
per lei, tanto che a Dio si sodisfaccia,
poi ch'io nol fe' tra ' vivi, qui tra ' morti".   72

Oderisi da Gubbio

Ascoltando chinai in giù la faccia;
e un di lor, non questi che parlava,
si torse sotto il peso che li 'mpaccia,   75

e videmi e conobbemi e chiamava,
tenendo li occhi con fatica fisi
a me che tutto chin con loro andava.   78

"Oh!", diss'io lui, "non se' tu Oderisi,
l'onor d'Agobbio e l'onor di quell'arte
ch'alluminar chiamata è in Parisi?". 81

"Frate", diss'elli, "più ridon le carte
che pennelleggia Franco Bolognese;
l'onore è tutto or suo, e mio in parte. 84

Ben non sare' io stato sì cortese
mentre ch'io vissi, per lo gran disio
de l'eccellenza ove mio core intese. 87

Di tal superbia qui si paga il fio;
e ancor non sarei qui, se non fosse
che, possendo peccar, mi volsi a Dio. 90

Oh vana gloria de l'umane posse!
com' poco verde in su la cima dura,
se non è giunta da l'etati grosse! 93

Credette Cimabue ne la pittura
tener lo campo, e ora ha Giotto il grido,
sì che la fama di colui è scura. 96

Così ha tolto l'uno a l'altro Guido
la gloria de la lingua; e forse è nato
chi l'uno e l'altro caccerà del nido. 99

Non è il mondan romore altro ch'un fiato
di vento, ch'or vien quinci e or vien quindi,
e muta nome perché muta lato. 102

Che voce avrai tu più, se vecchia scindi
da te la carne, che se fossi morto

anzi che tu lasciassi il 'pappo' e 'l 'dindi',   105

pria che passin mill'anni? ch'è più corto
spazio a l'etterno, ch'un muover di ciglia
al cerchio che più tardi in cielo è torto.   108

Colui che del cammin sì poco piglia
dinanzi a me, Toscana sonò tutta;
e ora a pena in Siena sen pispiglia,   111

ond'era sire quando fu distrutta
la rabbia fiorentina, che superba
fu a quel tempo sì com'ora è putta.   114

La vostra nominanza è color d'erba,
che viene e va, e quei la discolora
per cui ella esce de la terra acerba".   117

                                                                       Provenzan Salvani

E io a lui: "Tuo vero dir m'incora
bona umiltà, e gran tumor m'appiani;
ma chi è quei di cui tu parlavi ora?".   120

"Quelli è", rispuose, "Provenzan Salvani;
ed è qui perché fu presuntüoso
a recar Siena tutta a le sue mani.   123

Ito è così e va, sanza riposo,
poi che morì; cotal moneta rende
a sodisfar chi è di là troppo oso".   126

E io: "Se quello spirito ch'attende,
pria che si penta, l'orlo de la vita,
qua giù dimora e qua sù non ascende,   129

se buona orazïon lui non aita,

prima che passi tempo quanto visse,
come fu la venuta lui largita?". 132

"Quando vivea più glorïoso", disse,
"liberamente nel Campo di Siena,
ogne vergogna diposta, s'affisse; 135

e lì, per trar l'amico suo di pena,
ch'e' sostenea ne la prigion di Carlo,
si condusse a tremar per ogne vena. 138

Più non dirò, e scuro so che parlo;
ma poco tempo andrà, che ' tuoi vicini
faranno sì che tu potrai chiosarlo. 141

Quest'opera li tolse quei confini".

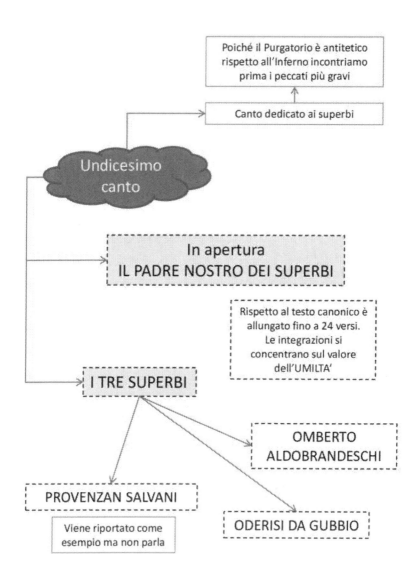

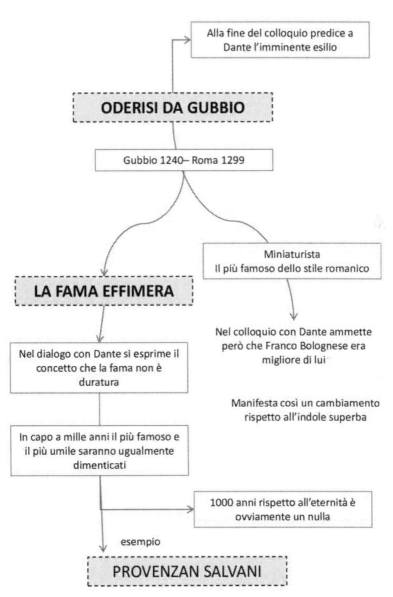

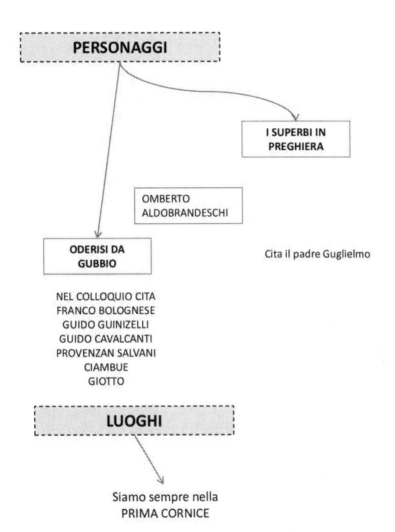

SCHEMATICAMENTE

IL DODICESIMO CANTO DEL PURGATORIO

XII CANTO

I due viaggiatori si trovano ancora nella I cornice del Purgatorio, Dante cammina insieme a Oderisi da Gubbio ma viene ammonito da Virgilio che gli consiglia di procedere autonomamente e volgere lo sguardo verso il basso.

GLI ESEMPI DI SUPERBIA

Guardando verso il basso, Dante si accorge che il pavimento della cornice è scolpito da DIO con delle raffigurazioni di superbia punita. Tra le SCULTURE si può vedere Lucifero, precipitato a terra dopo la punizione di Dio; si vede anche Briareo, colpito dal fulmine di Giove. Nel pavimento si possono scorgere Apollo, Pallade e Marte che osservano i corpi dei giganti abbattuti nella battaglia di Flegra; il gigante Nembrod ai piedi della Torre di Babele; è possibile scorgere Niobe raffigurata insieme ai corpi dei suoi figli, Aracne trasformata per metà in ragno, Roboamo portato via da un carro. L'ultima raffigurazione mostra la caduta di Troia, distrutta per mano della superbia dei suoi abitanti.

L'IMPORTANZA DELL'ARTE NEL PURGATORIO

Come si è potuto vedere, nella prima cornice del Purgatorio ha una rilevanza fondamentale l'arte. Dante, in pieno stile medievale, concepisce l'arte come un veicolo del messaggio di Dio, dà all'arte uno scopo didattico e non un valore puramente edonistico come invece la visione rinascimentale impone. Dalle sculture che si osservano si possono trarre insegnamenti e sono tecnicamente perfette perché realizzate da Dio. L'uomo non sarebbe mai stato in grado di riprodurre figure altrettanto fedeli ed è inutile il desiderio di riprodurre la natura perché l'arte non raggiungerà mai i livelli di Dio.

LA SECONDA CORNICE DEL PURGATORIO

Mentre Dante osserva le sculture, Virgilio invita l'amico ad alzare lo sguardo per osservare l'ANGELO vestito di bianco che si avvicina a loro. Spalancando le sue braccia, l'ANGELO invita i viaggiatori a salire verso la seconda cornice percorrendo una scalinata scavata nella roccia che solitamente non è visibile alle anime, perché queste sono abituati a esprimere i propri desideri guardando verso il basso e non verso l'alto. L'angelo, prima di lasciarli proseguire, colpisce la fronte di Dante con le sue ali, e Dante da quel momento si sente incredibilmente leggero. Virgilio, durante la salita verso la II cornice, mentre si sentono le anime intonare il Beati pauperes spiritu, gli spiega che l'Angelo ha cancellato una delle P dalla sua fronte e anticipa che appena la sua fronte sarà libera, si sentirà tanto leggero da provare piacere nella salita e non più affaticato.

CANTO XII

Dante si stacca dai superbi

Di pari, come buoi che vanno a giogo,
m'andava io con quell'anima carca,
fin che 'l sofferse il dolce pedagogo.　　3

Ma quando disse: "Lascia lui e varca;
ché qui è buono con l'ali e coi remi,
quantunque può, ciascun pinger sua barca";　　6

dritto sì come andar vuolsi rife' mi
con la persona, avvegna che i pensieri
mi rimanessero e chinati e scemi.　　9

Io m'era mosso, e seguia volontieri
del mio maestro i passi, e amendue
già mostravam com'eravam leggeri;　　12

ed el mi disse: "Volgi li occhi in giùe:
buon ti sarà, per tranquillar la via,
veder lo letto de le piante tue".　　15

Come, perché di lor memoria sia,
sovra i sepolti le tombe terragne
portan segnato quel ch'elli eran pria,　　18

onde lì molte volte si ripiagne
per la puntura de la rimembranza,
che solo a' pïi dà de le calcagne;　　21

sì vid'io lì, ma di miglior sembianza
secondo l'artificio, figurato
quanto per via di fuor del monte avanza.　　24

Esempi di superbia

Vedea colui che fu nobil creato
più ch'altra creatura, giù dal cielo
folgoreggiando scender, da l'un lato. 27

Vedëa Brïareo fitto dal telo
celestïal giacer, da l'altra parte,
grave a la terra per lo mortal gelo. 30

Vedea Timbreo, vedea Pallade e Marte,
armati ancora, intorno al padre loro,
mirar le membra d'i Giganti sparte. 33

Vedea Nembròt a piè del gran lavoro
quasi smarrito, e riguardar le genti
che 'n Sennaàr con lui superbi fuoro. 36

O Nïobè, con che occhi dolenti
vedea io te segnata in su la strada,
tra sette e sette tuoi figliuoli spenti! 39

O Saùl, come in su la propria spada
quivi parevi morto in Gelboè,
che poi non sentì pioggia né rugiada! 42

O folle Aragne, sì vedea io te
già mezza ragna, trista in su li stracci
de l'opera che mal per te si fé. 45

O Roboàm, già non par che minacci
quivi 'l tuo segno; ma pien di spavento
nel porta un carro, sanza ch'altri il cacci. 48

Mostrava ancor lo duro pavimento
come Almeon a sua madre fé caro
parer lo sventurato addornamento. 51

Mostrava come i figli si gittaro
sovra Sennacherìb dentro dal tempio,
e come, morto lui, quivi il lasciaro.   54

Mostrava la ruina e 'l crudo scempio
che fé Tamiri, quando disse a Ciro:
"Sangue sitisti, e io di sangue t'empio".   57

Mostrava come in rotta si fuggiro
li Assiri, poi che fu morto Oloferne,
e anche le reliquie del martiro.   60

Vedeva Troia in cenere e in caverne;
o Ilïón, come te basso e vile
mostrava il segno che lì si discerne!   63

Dante ammira l'arte divina

Qual di pennel fu maestro o di stile
che ritraesse l'ombre e ' tratti ch'ivi
mirar farieno uno ingegno sottile?   66

Morti li morti e i vivi parean vivi:
non vide mei di me chi vide il vero,
quant'io calcai, fin che chinato givi.   69

Or superbite, e via col viso altero,
figliuoli d'Eva, e non chinate il volto
sì che veggiate il vostro mal sentero!   72

L'angelo dell'umiltà

Più era già per noi del monte vòlto
e del cammin del sole assai più speso
che non stimava l'animo non sciolto,   75

quando colui che sempre innanzi atteso
andava, cominciò: "Drizza la testa;

non è più tempo di gir sì sospeso. 78

Vedi colà un angel che s'appresta
per venir verso noi; vedi che torna
dal servigio del dì l'ancella sesta. 81

Di reverenza il viso e li atti addorna,
sì che i diletti lo 'nvïarci in suso;
pensa che questo dì mai non raggiorna!". 84

Io era ben del suo ammonir uso
pur di non perder tempo, sì che 'n quella
materia non potea parlarmi chiuso. 87

A noi venìa la creatura bella,
biancovestito e ne la faccia quale
par tremolando mattutina stella. 90

Le braccia aperse, e indi aperse l'ale;
disse: "Venite: qui son presso i gradi,
e agevolemente omai si sale. 93

A questo invito vegnon molto radi:
o gente umana, per volar sù nata,
perché a poco vento così cadi?". 96

Menocci ove la roccia era tagliata;
quivi mi batté l'ali per la fronte;
poi mi promise sicura l'andata. 99

Il percorso per salire alla II Cornice

Come a man destra, per salire al monte
dove siede la chiesa che soggioga
la ben guidata sopra Rubaconte, 102

si rompe del montar l'ardita foga

per le scalee che si fero ad etade
ch'era sicuro il quaderno e la doga; 105

così s'allenta la ripa che cade
quivi ben ratta da l'altro girone;
ma quinci e quindi l'alta pietra rade. 108

Noi volgendo ivi le nostre persone,
'Beati pauperes spiritu!' voci
cantaron sì, che nol diria sermone. 111

Ahi quanto son diverse quelle foci
da l'infernali! ché quivi per canti
s'entra, e là giù per lamenti feroci. 114

Già montavam su per li scaglion santi,
ed esser mi parea troppo più lieve
che per lo pian non mi parea davanti. 117

Ond'io: "Maestro, dì, qual cosa greve
levata s'è da me, che nulla quasi
per me fatica, andando, si riceve?". 120

Rispuose: "Quando i P che son rimasi
ancor nel volto tuo presso che stinti,
saranno, com'è l'un, del tutto rasi, 123

fier li tuoi piè dal buon voler sì vinti,
che non pur non fatica sentiranno,
ma fia diletto loro esser sù pinti". 126

Allor fec'io come color che vanno
con cosa in capo non da lor saputa,
se non che ' cenni altrui sospecciar fanno; 129

per che la mano ad accertar s'aiuta,
e cerca e truova e quello officio adempie
che non si può fornir per la veduta; 132

e con le dita de la destra scempie
trovai pur sei le lettere che 'ncise
quel da le chiavi a me sovra le tempie: 135

a che guardando, il mio duca sorrise.

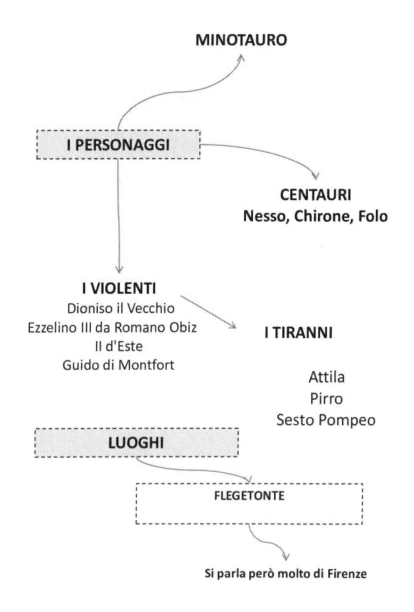

PERSONAGGI

Non ci sono colloqui o incontri ma vengono citati numerosi esempi di superbi scolpiti nel pavimento della cornice

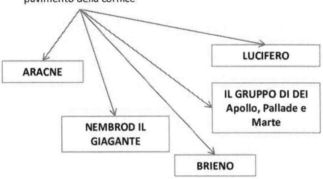

- ARACNE
- LUCIFERO
- NEMBROD IL GIAGANTE
- IL GRUPPO DI DEI Apollo, Pallade e Marte
- BRIENO

LUOGHI

SI passa dalla prima alla seconda cornice

SCHEMATICAMENTE

IL TREDICESIMO CANTO DEL PURGATORIO

XIII CANTO

Una volta saliti sulla scalinata, i due poeti si ritrovano nella seconda cornice. Non essendoci nessuno a indicare la strada, decidono di proseguire seguendo la luce del sole.

ESEMPI DI CARITÀ

Mentre i due viaggiatori camminano nella seconda cornice incontrano degli spiriti che volano veloci sopra di loro ripetendo alcuni esempi di carità. Virgilio spiega a Dante che si tratta della cornice degli INVIDIOSI e presto conoscerà esempi di invidia punita, mentre gli spiriti che li sovrastano riportano inviti alla carità.

GLI INVIDIOSI

Gli invidiosi rimangono seduti al bordo della cornice e indossano dei mantelli color pietra, con la loro voce invocano Maria, l'arcangelo Michele, San Pietro e tutti i santi. Guardandoli meglio Dante nota che la loro pena è talmente crudele da commuoverlo: il mantello che portano è pungente e le anime si sorreggono le une con le altre. Hanno gli occhi cuciti con il fil di ferro, ma nonostante questo piangono e sono simili ai poveri ciechi che chiedono l'elemosina fuori dalle chiese. Dante chiede se tra loro c'è qualche italiano.

SAPIA

Alla domanda di Dante risponde Sapia Salvani, zia di Provenzano Salvani incontrato nella prima cornice. Secondo Dante, Sapia per invidia pregò la sconfitta dei suoi concittadini nella battaglia di Colle val d'Elsa e venne accontentata. Per la gioia, si rivolse a Dio asserendo di non temerlo e chiese scusa per il suo gesto solo gli ultimi giorni della sua vita. La donna non si trova nell'Antipurgatorio solo perché Pier Pettinaio pregò per lei in punto di morte.

I PECCATI DI DANTE

Sepia a quel punto chiede a Dante di presentarsi. Egli, spiegando la sua condizione, mostra il suo timore riguardo la sua condizione dopo la morte. Per poco tempo ha peccato d'invidia, lo spaventa di più la condizione dei superbi, tra le file dei quali un giorno potrebbe trovarsi anche lui. Sapia a quel punto chiede a Dante di pregare per lei e di parlare di lei alla sua famiglia ancora in vita.

CANTO XIII

Arrivo alla II Cornice

Noi eravamo al sommo de la scala,
dove secondamente si risega
lo monte che salendo altrui dismala.   3

Ivi così una cornice lega
dintorno il poggio, come la primaia;
se non che l'arco suo più tosto piega.   6

Ombra non lì è né segno che si paia:
parsi la ripa e parsi la via schietta
col livido color de la petraia.   9

"Se qui per dimandar gente s'aspetta",
ragionava il poeta, "io temo forse
che troppo avrà d'indugio nostra eletta".   12

Poi fisamente al sole li occhi porse;
fece del destro lato a muover centro,
e la sinistra parte di sé torse.   15

"O dolce lume a cui fidanza i' entro
per lo novo cammin, tu ne conduci",
dicea, "come condur si vuol quinc'entro.   18

Tu scaldi il mondo, tu sovr'esso luci;
s'altra ragione in contrario non ponta,
esser dien sempre li tuoi raggi duci".   21

Quanto di qua per un migliaio si conta,
tanto di là eravam noi già iti,
con poco tempo, per la voglia pronta;   24

e verso noi volar furon sentiti,

non però visti, spiriti parlando
a la mensa d'amor cortesi inviti. 27

Esempi di carità

La prima voce che passò volando
'Vinum non habent'altamente disse,
e dietro a noi l'andò reïterando. 30

E prima che del tutto non si udisse
per allungarsi, un'altra 'I' sono Oreste'
passò gridando, e anco non s'affisse. 33

"Oh!", diss'io, "padre, che voci son queste?".
E com'io domandai, ecco la terza
dicendo: 'Amate da cui male aveste'. 36

E 'l buon maestro: "Questo cinghio sferza
la colpa de la invidia, e però sono
tratte d'amor le corde de la ferza. 39

Lo fren vuol esser del contrario suono;
credo che l'udirai, per mio avviso,
prima che giunghi al passo del perdono. 42

Ma ficca li occhi per l'aere ben fiso,
e vedrai gente innanzi a noi sedersi,
e ciascun è lungo la grotta assiso". 45

Gli invidiosi penitenti

Allora più che prima li occhi apersi;
guarda' mi innanzi, e vidi ombre con manti
al color de la pietra non diversi. 48

E poi che fummo un poco più avanti,
udia gridar: 'Maria òra per noi':
gridar 'Michele' e 'Pietro' e 'Tutti santi'. 51

Non credo che per terra vada ancoi
omo sì duro, che non fosse punto
per compassion di quel ch'i' vidi poi;　　54

ché, quando fui sì presso di lor giunto,
che li atti loro a me venivan certi,
per li occhi fui di grave dolor munto.　　57

Di vil ciliccio mi parean coperti,
e l'un sofferia l'altro con la spalla,
e tutti da la ripa eran sofferti.　　60

Così li ciechi a cui la roba falla,
stanno a' perdoni a chieder lor bisogna,
e l'uno il capo sopra l'altro avvalla,　　63

perché 'n altrui pietà tosto si pogna,
non pur per lo sonar de le parole,
ma per la vista che non meno agogna.　　66

E come a li orbi non approda il sole,
così a l'ombre quivi, ond'io parlo ora,
luce del ciel di sé largir non vole;　　69

ché a tutti un fil di ferro i cigli fóra
e cusce sì, come a sparvier selvaggio
si fa però che queto non dimora.　　72

A me pareva, andando, fare oltraggio,
veggendo altrui, non essendo veduto:
per ch'io mi volsi al mio consiglio saggio.　　75

Ben sapev'ei che volea dir lo muto;
e però non attese mia dimanda,
ma disse: "Parla, e sie breve e arguto".　　78

Virgilio mi venìa da quella banda
de la cornice onde cader si puote,
perché da nulla sponda s'inghirlanda; 81

da l'altra parte m'eran le divote
ombre, che per l'orribile costura
premevan sì, che bagnavan le gote. 84

<small>Dante si rivolge direttamente ai penitenti</small>

Volsimi a loro e: "O gente sicura",
incominciai, "di veder l'alto lume
che 'l disio vostro solo ha in sua cura, 87

se tosto grazia resolva le schiume
di vostra coscïenza sì che chiaro
per essa scenda de la mente il fiume, 90

ditemi, ché mi fia grazioso e caro,
s'anima è qui tra voi che sia latina;
e forse lei sarà buon s'i' l'apparo". 93

"O frate mio, ciascuna è cittadina
d'una vera città; ma tu vuo' dire
che vivesse in Italia peregrina". 96

Questo mi parve per risposta udire
più innanzi alquanto che là dov'io stava,
ond'io mi feci ancor più là sentire. 99

Tra l'altre vidi un'ombra ch'aspettava
in vista; e se volesse alcun dir 'Come?',
lo mento a guisa d'orbo in sù levava. 102

<small>Colloquio con Sapia Salvani</small>

"Spirto", diss'io, "che per salir ti dome,
se tu se' quelli che mi rispondesti,

fammiti conto o per luogo o per nome". 105

"Io fui sanese", rispuose, "e con questi
altri rimendo qui la vita ria,
lagrimando a colui che sé ne presti. 108

Savia non fui, avvegna che Sapìa
fossi chiamata, e fui de li altrui danni
più lieta assai che di ventura mia. 111

E perché tu non creda ch'io t'inganni,
odi s'i' fui, com'io ti dico, folle,
già discendendo l'arco d'i miei anni. 114

Eran li cittadin miei presso a Colle
in campo giunti co' loro avversari,
e io pregava Iddio di quel ch'e' volle. 117

Rotti fuor quivi e vòlti ne li amari
passi di fuga; e veggendo la caccia,
letizia presi a tutte altre dispari, 120

tanto ch'io volsi in sù l'ardita faccia,
gridando a Dio: "Omai più non ti temo!",
come fé 'l merlo per poca bonaccia. 123

Pace volli con Dio in su lo stremo
de la mia vita; e ancor non sarebbe
lo mio dover per penitenza scemo, 126

se ciò non fosse, ch'a memoria m'ebbe
Pier Pettinaio in sue sante orazioni,
a cui di me per caritate increbbe. 129

Ma tu chi se', che nostre condizioni

vai dimandando, e porti li occhi sciolti,
sì com'io credo, e spirando ragioni?". 132

"Li occhi", diss'io, "mi fieno ancor qui tolti,
ma picciol tempo, ché poca è l'offesa
fatta per esser con invidia vòlti. 135

Troppa è più la paura ond'è sospesa
l'anima mia del tormento di sotto,
che già lo 'ncarco di là giù mi pesa". 138

Ed ella a me: "Chi t' ha dunque condotto
qua sù tra noi, se giù ritornar credi?".
E io: "Costui ch'è meco e non fa motto. 141

E vivo sono; e però mi richiedi,
spirito eletto, se tu vuo' ch'i' mova
di là per te ancor li mortai piedi". 144

"Oh, questa è a udir sì cosa nuova",
rispuose, "che gran segno è che Dio t'ami;
però col priego tuo talor mi giova. 147

E cheggioti, per quel che tu più brami,
se mai calchi la terra di Toscana,
che a' miei propinqui tu ben mi rinfami. 150

Tu li vedrai tra quella gente vana
che spera in Talamone, e perderagli
più di speranza ch'a trovar la Diana; 153

ma più vi perderanno li ammiragli".

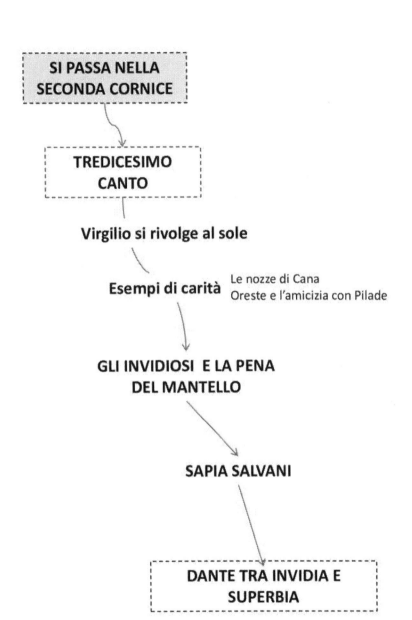

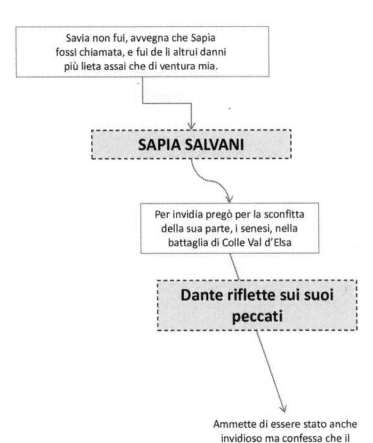

SCHEMATICAMENTE

IL QUATTORDICESIMO CANTO DEL PURGATORIO

XIV CANTO

Il canto si apre con il dialogo tra due invidiosi che, tra loro, cercano di capire chi sia Dante. I viaggiatori si trovano ancora nella seconda cornice del Purgatorio.

INVETTIVA CONTRO LA TOSCANA

Dante risponde alla loro richiesta raccontando che viene dalla valle bagnata dal fiume che ha origine dal Falterona, senza volutamente nominare il fiume Arno. Le due anime, che riveleranno poi essere GUIDO DEL DUCA E RINIERI DA CALBOLI, si chiedono il motivo di tale astio, trovando la risposta. Guido del Duca spiega infatti al compagno che l'ARNO dovrebbe scomparire, perché bagna le terre dove gli uomini si sono trasformati in bestie. L'ARNO scorre nella valle "sudici porci" del Casentino, poi va verso Arezzo, dove gli uomini ringhiano più di quanto siano forti, fino ad arrivare a Firenze, dove i cani sono diventati lupi, per poi scendere fino a Pisa, i cui abitanti non temono l'astuzia perché sono maestri della frode.

LA PROFEZIA DI GUIDO DEL DUCA

GUIDO DEL DUCA predice che Fulcieri da Calboli terrorizzerà i Guelfi bianchi di Firenze uccidendoli uno ad uno e se ne andrà da Firenze sporco di sangue, lasciando la città in uno stato di devastazione tale che ci vorranno mille anni prima di tornare come prima.

GUIDO DEL DUCA E RINIERI DA CALBOLI

I due uomini poi si presentano, ma a parlare sarà solo Guido del Duca. Egli, gentiluomo romagnolo, descrive se stesso come un uomo talmente pieno di invidia da diventare livido nel vedere la felicità altrui. Adesso, mentre sconta la sua pena, si chiede perché gli uomini abbiano desideri il cui possesso esclude la CONDIVISIONE. L'uomo presenta anche il suo compagno, Rinieri da Calboli, che rese onore alla sua famiglia ma non fecero altrettanto i suoi discendenti, come succede a molte altre famiglie in Toscana.

LA CORRUZIONE DELLA ROMAGNA

Guido, dopo aver nominato con grande nostalgia uomini illustri della Romagna, inizia un'invettiva contro la sua terra, asserendo che non esistono più tali personalità e che ora i cuori sono diventati malvagi. Le famiglie illustri hanno lasciato spazio alla propria discendenza, che però si è macchiata del peccato di corruzione, tanto da meritare di scomparire. Guido smette di parlare perché il discorso gli ha fatto venire voglia di piangere.

ESEMPI DI INVIDIA PUNITA

Dante e Virgilio si allontanano, ma dopo pochi passi sentono delle voci simili a tuoni provenienti dal cielo. Si tratta di esempi di invidia punita, come nel caso di Caino, punito da Dio per aver ucciso il fratello, e il caso di Aglauro, trasformata in pietra da Mercurio. Virgilio spiega che si tratta delle voci che dovrebbero invitare l'uomo a rimanere entro i suoi limiti, anche se spesso l'uomo è attratto dalle lusinghe del diavolo che lo inducono ad abbassare lo sguardo verso la terra piuttosto che puntare al cielo.

CANTO XIV

Guido Dal Duca e Rinieri da Calboli

"Chi è costui che 'l nostro monte cerchia
prima che morte li abbia dato il volo,
e apre li occhi a sua voglia e coverchia?".   3

"Non so chi sia, ma so ch'e' non è solo;
domandal tu che più li t'avvicini,
e dolcemente, sì che parli, acco' lo".   6

Così due spirti, l'uno a l'altro chini,
ragionavan di me ivi a man dritta;
poi fer li visi, per dirmi, supini;   9

e disse l'uno: "O anima che fitta
nel corpo ancora inver' lo ciel ten vai,
per carità ne consola e ne ditta   12

onde vieni e chi se'; ché tu ne fai
tanto maravigliar de la tua grazia,
quanto vuol cosa che non fu più mai".   15

E io: "Per mezza Toscana si spazia
un fiumicel che nasce in Falterona,
e cento miglia di corso nol sazia.   18

Di sovr'esso rech'io questa persona:
dirvi ch'i' sia, saria parlare indarno,
ché 'l nome mio ancor molto non suona".   21

I costumi corrotti del Valdarno

"Se ben lo 'ntendimento tuo accarno
con lo 'ntelletto", allora mi rispuose
quei che diceva pria, "tu parli d'Arno".   24

E l'altro disse lui: "Perché nascose

questi il vocabol di quella riviera,
pur com'om fa de l'orribili cose?". 27

E l'ombra che di ciò domandata era,
si sdebitò così: "Non so; ma degno
ben è che 'l nome di tal valle pèra; 30

ché dal principio suo, ov'è sì pregno
l'alpestro monte ond'è tronco Peloro,
che 'n pochi luoghi passa oltra quel segno, 33

infin là 've si rende per ristoro
di quel che 'l ciel de la marina asciuga,
ond' hanno i fiumi ciò che va con loro, 36

vertù così per nimica si fuga
da tutti come biscia, o per sventura
del luogo, o per mal uso che li fruga: 39

ond' hanno sì mutata lor natura
li abitator de la misera valle,
che par che Circe li avesse in pastura. 42

Tra brutti porci, più degni di galle
che d'altro cibo fatto in uman uso,
dirizza prima il suo povero calle. 45

Botoli trova poi, venendo giuso,
ringhiosi più che non chiede lor possa,
e da lor disdegnosa torce il muso. 48

Vassi caggendo; e quant'ella più 'ngrossa,
tanto più trova di can farsi lupi
la maladetta e sventurata fossa. 51

Discesa poi per più pelaghi cupi,
trova le volpi sì piene di froda,
che non temono ingegno che le occùpi. 54

Né lascerò di dir perch'altri m'oda;
e buon sarà costui, s'ancor s'ammenta
di ciò che vero spirto mi disnoda. 57

La profezia su Fulcerio da Calboli

Io veggio tuo nepote che diventa
cacciator di quei lupi in su la riva
del fiero fiume, e tutti li sgomenta. 60

Vende la carne loro essendo viva;
poscia li ancide come antica belva;
molti di vita e sé di pregio priva. 63

Sanguinoso esce de la trista selva;
lasciala tal, che di qui a mille anni
ne lo stato primaio non si rinselva". 66

Com'a l'annunzio di dogliosi danni
si turba il viso di colui ch'ascolta,
da qual che parte il periglio l'assanni, 69

così vid'io l'altr'anima, che volta
stava a udir, turbarsi e farsi trista,
poi ch'ebbe la parola a sé raccolta. 72

Lo dir de l'una e de l'altra la vista
mi fer voglioso di saper lor nomi,
e dimanda ne fei con prieghi mista; 75

per che lo spirto che di pria parlòmi
ricominciò: "Tu vuo' ch'io mi deduca
nel fare a te ciò che tu far non vuo' mi. 78

Ma da che Dio in te vuol che traluca
tanto sua grazia, non ti sarò scarso;
però sappi ch'io fui Guido del Duca. 81

Fu il sangue mio d'invidia sì rïarso,
che se veduto avesse uom farsi lieto,
visto m'avresti di livore sparso. 84

Di mia semente cotal paglia mieto;
o gente umana, perché poni 'l core
là 'v'è mestier di consorte divieto? 87

Questi è Rinier; questi è 'l pregio e l'onore
de la casa da Calboli, ove nullo
fatto s'è reda poi del suo valore. 90

E non pur lo suo sangue è fatto brullo,
tra 'l Po e 'l monte e la marina e 'l Reno,
del ben richesto al vero e al trastullo; 93

ché dentro a questi termini è ripieno
di venenosi sterpi, sì che tardi
per coltivare omai verrebber meno. 96

Sulla corruzione in Romagna

Ov'è 'l buon Lizio e Arrigo Mainardi?
Pier Traversaro e Guido di Carpigna?
Oh Romagnuoli tornati in bastardi! 99

Quando in Bologna un Fabbro si ralligna?
quando in Faenza un Bernardin di Fosco,
verga gentil di picciola gramigna? 102

Non ti maravigliar s'io piango, Tosco,
quando rimembro, con Guido da Prata,

Ugolin d'Azzo che vivette nosco, 105

Federigo Tignoso e sua brigata,
la casa Traversara e li Anastagi
(e l'una gente e l'altra è diretata), 108

le donne e ' cavalier, li affanni e li agi
che ne 'nvogliava amore e cortesia
là dove i cuor son fatti sì malvagi. 111

O Bretinoro, ché non fuggi via,
poi che gita se n'è la tua famiglia
e molta gente per non esser ria? 114

Ben fa Bagnacaval, che non rifiglia;
e mal fa Castrocaro, e peggio Conio,
che di figliar tai conti più s'impiglia. 117

Ben faranno i Pagan, da che 'l demonio
lor sen girà; ma non però che puro
già mai rimagna d'essi testimonio. 120

O Ugolin de' Fantolin, sicuro
è 'l nome tuo, da che più non s'aspetta
chi far lo possa, tralignando, scuro. 123

Ma va via, Tosco, omai; ch'or mi diletta
troppo di pianger più che di parlare,
sì m' ha nostra ragion la mente stretta". 126

Gli esempi di invidia punita

Noi sapavam che quell'anime care
ci sentivano andar; però, tacendo,
facëan noi del cammin confidare. 129

Poi fummo fatti soli procedendo,

folgore parve quando l'aere fende,
voce che giunse di contra dicendo: 132

'Anciderammi qualunque m'apprende';
e fuggì come tuon che si dilegua,
se sùbito la nuvola scoscende. 135

Come da lei l'udir nostro ebbe triegua,
ed ecco l'altra con sì gran fracasso,
che somigliò tonar che tosto segua: 138

"Io sono Aglauro che divenni sasso";
e allor, per ristrignermi al poeta,
in destro feci, e non innanzi, il passo. 141

Già era l'aura d'ogne parte queta;
ed el mi disse: "Quel fu 'l duro camo
che dovria l'uom tener dentro a sua meta. 144

Ma voi prendete l'esca, sì che l'amo
de l'antico avversaro a sé vi tira;
e però poco val freno o richiamo. 147

Chiamavi 'l cielo e 'ntorno vi si gira,
mostrandovi le sue bellezze etterne,
e l'occhio vostro pur a terra mira; 150

onde vi batte chi tutto discerne".

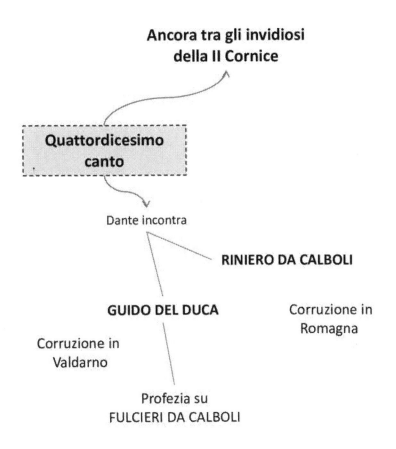

GUIDO DEL DUCA — Introduce anche il concetto di CONDIVISIONE dei beni (vedi schemi del XV canto)

Famiglia degli onesti

Signoria di Bertinoro (Romagna)

Parla più del suo compagno Ranieri e fa la

PROFEZIA
della persecuzione di Dante
(vedi scheda successiva)

Conversando con Guido

DANTE OMETTE di chiamare il fiume ARNO con il suo nome

INVETTIVA CONTRO LA TOSCANA

PERCHÉ?

Pur non potendo parlare per Dante spiega che per lui i popoli dell'Arno dovrebbero scomparire e li simboleggia con animali

- CANI DIVENTATI LUPI I FIORENTINI
- VOLPI CHE IMBROGLIANO I PISANI

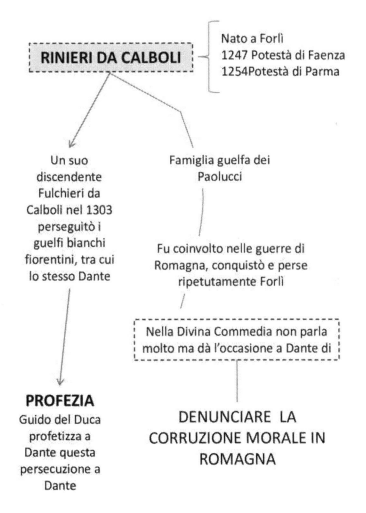

AGLUARO

Figlia di Ceropre Re d'Atene

Secondo la leggenda classica fu Minerva a spargere il seme dell'invidia

Invidiò la sorella Erse per l'amore con il dio Mercurio

Tentò di chiudere la porta per impedire al dio di incontrarsi con la sorella

Mercurio per vendetta la trasformò in un sasso

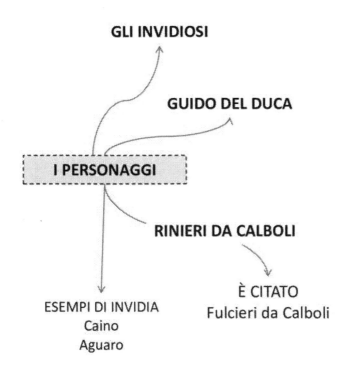

GLI INVIDIOSI

GUIDO DEL DUCA

I PERSONAGGI

RINIERI DA CALBOLI

È CITATO
Fulcieri da Calboli

ESEMPI DI INVIDIA
Caino
Aguaro

LUOGHI

Tutta la scena si svolge nella II
CORNICE

Luoghi citati
Toscana – Valdarno
Romagna

SCHEMATICAMENTE

IL QUINDICESIMO CANTO DEL PURGATORIO

XV CANTO

I due poeti proseguono il loro viaggio e sono pronti a salire nella III cornice. È pomeriggio e Dante non riesce a tenere gli occhi aperti a causa del forte abbaglio che gli provoca la luce dell'Angelo della Misericordia, talmente forte da sembrare riflessa. Virgilio tranquillizza il poeta fiorentino dicendogli che reagisce in quel modo perché non è ancora abituato alla luce degli angeli ma che prenderà presto confidenza con essa al punto tale, non solo da non provare fastidio, ma da causargli piacere. L'angelo invita i due viaggiatori nella III cornice attraverso una scala meno ripida delle precedenti.

IL CONCETTO DI CONDIVISIONE

Dante chiede a Virgilio cosa intendesse Guido del Duca quando affermò di avere il desiderio di beni che non hanno bisogno della CONDIVISIONE. Virgilio spiega che sulla terra le persone desiderano beni che hanno un valore maggiore se sono possedute da pochi, mentre nel regno divino accade esattamente il contrario: Dio si concede agli uomini nella misura di quanto viene desiderato, quindi quanti più uomini desiderano Dio, tanto più amore egli concederà.

LA VISIONE DI DANTE

I due viaggiatori sono ormai giunti alla III cornice, quando Dante inizia a vedere delle persone: vede Maria che rimprovera con dolcezza Gesù per averla fatta preoccupare; vede una donna che si rivolge a Pisistrato chiedendo vendetta per l'uomo che ha baciato in pubblico sua figlia, ma non viene ascoltata da Pisistrato che preferisce punire l'odio piuttosto che l'amore. Dante vede infine la lapidazione di Santo Stefano, in cui l'uomo chiede pietà per i suoi uccisori in punto di morte.

GLI ESEMPI DI MANSUETUDINE

Virgilio chiede a Dante cosa gli stia succedendo, visto che per qualche minuto è rimasto in silenzio con gli occhi velati come in preda a una visione. Poi gli spiega che ciò che ha visto durante la sua Visione — e che Virgilio è riuscito a vedere grazie a lui — rappresenta esempi di mansuetudine che devono placare il peccato di ira.

CANTO XV

Nel pomeriggio inizia la salita alla III cornice

Quanto tra l'ultimar de l'ora terza
e 'l principio del dì par de la spera
che sempre a guisa di fanciullo scherza,   3

tanto pareva già inver' la sera
essere al sol del suo corso rimaso;
vespero là, e qui mezza notte era.   6

E i raggi ne ferien per mezzo 'l naso,
perché per noi girato era sì 'l monte,
che già dritti andavamo inver' l'occaso,   9

quand'io senti' a me gravar la fronte
a lo splendore assai più che di prima,
e stupor m'eran le cose non conte;   12

ond'io levai le mani inver' la cima
de le mie ciglia, e fecimi 'l solecchio,
che del soverchio visibile lima.   15

Come quando da l'acqua o da lo specchio
salta lo raggio a l'opposita parte,
salendo sù per lo modo parecchio   18

a quel che scende, e tanto si diparte
dal cader de la pietra in igual tratta,
sì come mostra esperïenza e arte;   21

così mi parve da luce rifratta
quivi dinanzi a me esser percosso;
per che a fuggir la mia vista fu ratta.   24

"Che è quel, dolce padre, a che non posso

schermar lo viso tanto che mi vaglia",
diss'io, "e pare inver' noi esser mosso?". 27

"Non ti maravigliar s'ancor t'abbaglia
la famiglia del cielo", a me rispuose:
"messo è che viene ad invitar ch'om saglia. 30

Tosto sarà ch'a veder queste cose
non ti fia grave, ma fieti diletto
quanto natura a sentir ti dispuose". 33

l'Angelo della Misericordia

Poi giunti fummo a l'angel benedetto,
con lieta voce disse: "Intrate quinci
ad un scaleo vie men che li altri eretto". 36

Noi montavam, già partiti di linci,
e 'Beati misericordes!' fue
cantato retro, e 'Godi tu che vinci!'. 39

Lo mio maestro e io soli amendue
suso andavamo; e io pensai, andando,
prode acquistar ne le parole sue; 42

Virgilio spiega il concetto di condivisione

e dirizza' mi a lui sì dimandando:
"Che volse dir lo spirto di Romagna,
e 'divieto' e 'consorte' menzionando?". 45

Per ch'elli a me: "Di sua maggior magagna
conosce il danno; e però non s'ammiri
se ne riprende perché men si piagna. 48

Perché s'appuntano i vostri disiri
dove per compagnia parte si scema,
invidia move il mantaco a' sospiri. 51

Ma se l'amor de la spera supprema
torcesse in suso il disiderio vostro,
non vi sarebbe al petto quella tema;   54

ché, per quanti si dice più lì 'nostro',
tanto possiede più di ben ciascuno,
e più di caritate arde in quel chiostro".   57

"Io son d'esser contento più digiuno",
diss'io, "che se mi fosse pria taciuto,
e più di dubbio ne la mente aduno.   60

Com'esser puote ch'un ben, distribuito
in più posseditor, faccia più ricchi
di sé che se da pochi è posseduto?".   63

Ed elli a me: "Però che tu rificchi
la mente pur a le cose terrene,
di vera luce tenebre dispicchi.   66

Quello infinito e ineffabil bene
che là sù è, così corre ad amore
com'a lucido corpo raggio vene.   69

Tanto si dà quanto trova d'ardore;
sì che, quantunque carità si stende,
cresce sovr'essa l'etterno valore.   72

E quanta gente più là sù s'intende,
più v'è da bene amare, e più vi s'ama,
e come specchio l'uno a l'altro rende.   75

E se la mia ragion non ti disfama,
vedrai Beatrice, ed ella pienamente
ti torrà questa e ciascun'altra brama.   78

Procaccia pur che tosto sieno spente,
come son già le due, le cinque piaghe,
che si richiudon per esser dolente". 81

Com'io voleva dicer 'Tu m'appaghe',
vidimi giunto in su l'altro girone,
sì che tacer mi fer le luci vaghe. 84

La visione degli esempi di mansuetudine

Ivi mi parve in una visïone
estatica di sùbito esser tratto,
e vedere in un tempio più persone; 87

e una donna, in su l'entrar, con atto
dolce di madre dicer: "Figliuol mio,
perché hai tu così verso noi fatto? 90

Ecco, dolenti, lo tuo padre e io
ti cercavamo". E come qui si tacque,
ciò che pareva prima, dispario. 93

Indi m'apparve un'altra con quell'acque
giù per le gote che 'l dolor distilla
quando di gran dispetto in altrui nacque, 96

e dir: "Se tu se' sire de la villa
del cui nome ne' dèi fu tanta lite,
e onde ogne scïenza disfavilla, 99

vendica te di quelle braccia ardite
ch'abbracciar nostra figlia, o Pisistràto".
E 'l segnor mi parea, benigno e mite, 102

risponder lei con viso temperato:
"Che farem noi a chi mal ne disira,

se quei che ci ama è per noi condannato?". 105

Poi vidi genti accese in foco d'ira
con pietre un giovinetto ancider, forte
gridando a sé pur: "Martira, martira!". 108

E lui vedea chinarsi, per la morte
che l'aggravava già, inver' la terra,
ma de li occhi facea sempre al ciel porte, 111

orando a l'alto Sire, in tanta guerra,
che perdonasse a' suoi persecutori,
con quello aspetto che pietà diserra. 114

Quando l'anima mia tornò di fori
a le cose che son fuor di lei vere,
io riconobbi i miei non falsi errori. 117

Lo duca mio, che mi potea vedere
far sì com'om che dal sonno si slega,
disse: "Che hai che non ti puoi tenere, 120

ma se' venuto più che mezza lega
velando li occhi e con le gambe avvolte,
a guisa di cui vino o sonno piega?". 123

"O dolce padre mio, se tu m'ascolte,
io ti dirò", diss'io, "ciò che m'apparve
quando le gambe mi furon sì tolte". 126

Ed ei: "Se tu avessi cento larve
sovra la faccia, non mi sarian chiuse
le tue cogitazion, quantunque parve. 129

Ciò che vedesti fu perché non scuse

d'aprir lo core a l'acque de la pace
che da l'etterno fonte son diffuse. 132

Non dimandai "Che hai?" per quel che face
chi guarda pur con l'occhio che non vede,
quando disanimato il corpo giace; 135

ma dimandai per darti forza al piede:
così frugar conviensi i pigri, lenti
ad usar lor vigilia quando riede". 138

Noi andavam per lo vespero, attenti
oltre quanto potean li occhi allungarsi
contra i raggi serotini e lucenti. 141

Il fumo della III cornice

Ed ecco a poco a poco un fummo farsi
verso di noi come la notte oscuro;
né da quello era loco da cansarsi. 144

Questo ne tolse li occhi e l'aere puro.

```
                          Meno persone godono di quei
                              beni più valgono
                                      ↗

              Il desiderio dei beni
              ESCLUDE L'USO DA PARTE
                  DEGLI ALTRI
                   ╱
            IN TERRA

      ┌─────────────────────┐
      │   LA CONDIVISIONE   │
      │      CELESTE        │
      └─────────────────────┘

            IN PARADISO
                   ╲
                    ╲
              DIO SI CONCEDE TANTO PIÙ
                   È DESIDERATO
                                  ╲
                                   ↘
                          Più persone condividono Dio
                              più ne avranno gioia
```

MARIA
E IL SUO DOLCE RIMPROVERO A
GESÙ PER AVERLA FATTA
PREOCCUPARE

GLI ESEMPI DI MANSUETUDINE

PISISTRATO
CHE PREFERISCE PUNIRE L'ODIO
PIUTTOSTO CHE UN GESTO DI
AMORE

Tiranno di Atene nel VI secolo

SANTO STEFANO
CHE CHIEDE PIETÀ PER I SUOI
ASSASSINI

Viene ucciso con lapidazione

SCHEMATICAMENTE

IL SEDICESIMO CANTO DEL PURGATORIO

XVI CANTO

Dante e Virgilio si ritrovano improvvisamente avvolti in un fumo molto fastidioso, che gli impedisce la vista. Dante rimane vicino a Virgilio, mentre sentono delle voci che recitano l'Agnus Dei provenire da alcune anime. Si tratta delle anime degli IRACONDI, che hanno la vista limitata dal fumo come furono accecate dall'ira in vita.

GLI IRACONDI E MARCO LOMBARDO

Una voce chiede a Dante di presentarsi, perché attraverso il fumo nota che lui è ancora in vita. Si tratta di Marco Lombardo, un uomo di corte che in vita conobbe quella virtù cortese che adesso gli uomini non hanno più. L'uomo chiede poi a Dante di pregare per lui appena tornerà nel regno dei vivi.

IL LIBERO ARBITRIO

Dante, incuriosito dalle parole dell'uomo, chiede come mai la virtù si sia ormai persa, e se la colpa sia da imputare alle influenze celesti o al comportamento degli uomini. Marco Lombardo spiega che il motivo è dai imputare al LIBERO ARBITRIO. Il cielo, spiega l'uomo, dà inizio alle azioni umane, ma è l'uomo che sceglie se dedicarsi al bene o al male e la volontà dell'uomo sulla terra è più forte delle disposizioni celesti.

CRITICA ALLA CHIESA E ALLO STATO

Lombardo prosegue il suo discorso muovendo una grossa critica alla chiesa e alle istituzioni. Egli spiega infatti che l'uomo, una volta giunto sulla terra dal Creatore, si lascia sopraffare dalle emozioni e non riesce a gestirle: per questo motivo esistono la chiesa e le leggi, che dovrebbero indirizzare l'uomo verso la giusta condotta, l'una morale e l'altra giuridica. Se però lo stesso papa e le istituzioni sono corrotte e interessate ai BENI MATERIALI, che esempio mai potrebbero dare ai propri discepoli? Roma un tempo era illuminata da due stelle, quella dell'Imperatore e quella del papa, che adesso si sono spente l'una con l'altra. La causa dei mali è pertanto la condotta sbagliata degli uomini e non il regno dei cieli.

LE ANTICHE VIRTÙ PERDUTE DELLA LOMBARDIA

Marco continua il suo discorso prendendo d'esempio la Lombardia, sua terra d'origine. Egli afferma che la Lombardia (volendo intendere però l'intera Pianura Padana) un tempo era piena di esempi virtuosi, ma cadde in decadenza dopo che la chiesa ostacolò le gesta di Federico II. Anche in questo caso si tratta di una CRITICA ALLA CHIESA. Esempi delle antiche virtù sono Corrado da Palazzo, Guido da Castello e un certo Gherardo, che Dante afferma di non conoscere.

CANTO XVI

Dante e Viriglio avvolti nel fumo della III Cornice

Buio d'inferno e di notte privata
d'ogne pianeto, sotto pover cielo,
quant'esser può di nuvol tenebrata,   3

non fece al viso mio sì grosso velo
come quel fummo ch'ivi ci coperse,
né a sentir di così aspro pelo,   6

che l'occhio stare aperto non sofferse;
onde la scorta mia saputa e fida
mi s'accostò e l'omero m'offerse.   9

Sì come cieco va dietro a sua guida
per non smarrirsi e per non dar di cozzo
in cosa che 'l molesti, o forse ancida,   12

m'andava io per l'aere amaro e sozzo,
ascoltando il mio duca che diceva
pur: "Guarda che da me tu non sia mozzo".   15

Io sentia voci, e ciascuna pareva
pregar per pace e per misericordia
l'Agnel di Dio che le peccata leva.   18

Pur 'Agnus Dei' eran le loro essordia;
una parola in tutte era e un modo,
sì che parea tra esse ogne concordia.   21

"Quei sono spirti, maestro, ch'i' odo?",
diss'io. Ed elli a me: "Tu vero apprendi,
e d'iracundia van solvendo il nodo".   24

Marco Lombardo

"Or tu chi se' che 'l nostro fummo fendi,
e di noi parli pur come se tue
partissi ancor lo tempo per calendi?".   27

Così per una voce detto fue;
onde 'l maestro mio disse: "Rispondi,
e domanda se quinci si va sùe".   30

E io: "O creatura che ti mondi
per tornar bella a colui che ti fece,
maraviglia udirai, se mi secondi".   33

"Io ti seguiterò quanto mi lece",
rispuose; "e se veder fummo non lascia,
l'udir ci terrà giunti in quella vece".   36

Allora incominciai: "Con quella fascia
che la morte dissolve men vo suso,
e venni qui per l'infernale ambascia.   39

E se Dio m' ha in sua grazia rinchiuso,
tanto che vuol ch'i' veggia la sua corte
per modo tutto fuor del moderno uso,   42

non mi celar chi fosti anzi la morte,
ma dilmi, e dimmi s'i' vo bene al varco;
e tue parole fier le nostre scorte".   45

"Lombardo fui, e fu' chiamato Marco;
del mondo seppi, e quel valore amai
al quale ha or ciascun disteso l'arco.   48

Per montar sù dirittamente vai".

Così rispuose, e soggiunse: "I' ti prego
che per me prieghi quando sù sarai". 51

E io a lui: "Per fede mi ti lego
di far ciò che mi chiedi; ma io scoppio
dentro ad un dubbio, s'io non me ne spiego. 54

Prima era scempio, e ora è fatto doppio
ne la sentenza tua, che mi fa certo
qui, e altrove, quello ov'io l'accoppio. 57

Lo mondo è ben così tutto diserto
d'ogne virtute, come tu mi sone,
e di malizia gravido e coverto; 60

ma priego che m'addite la cagione,
sì ch'i' la veggia e ch'i' la mostri altrui;
ché nel cielo uno, e un qua giù la pone". 63

Il libero arbitrio

Alto sospir, che duolo strinse in "uhi!",
mise fuor prima; e poi cominciò: "Frate,
lo mondo è cieco, e tu vien ben da lui. 66

Voi che vivete ogne cagion recate
pur suso al cielo, pur come se tutto
movesse seco di necessitate. 69

Se così fosse, in voi fora distrutto
libero arbitrio, e non fora giustizia
per ben letizia, e per male aver lutto. 72

Lo cielo i vostri movimenti inizia;
non dico tutti, ma, posto ch'i' 'l dica,
lume v'è dato a bene e a malizia, 75

e libero voler; che, se fatica
ne le prime battaglie col ciel dura,
poi vince tutto, se ben si notrica. 78

A maggior forza e a miglior natura
liberi soggiacete; e quella cria
la mente in voi, che 'l ciel non ha in sua cura. 81

Però, se 'l mondo presente disvia,
in voi è la cagione, in voi si cheggia;
e io te ne sarò or vera spia. 84

Esce di mano a lui che la vagheggia
prima che sia, a guisa di fanciulla
che piangendo e ridendo pargoleggia, 87

l'anima semplicetta che sa nulla,
salvo che, mossa da lieto fattore,
volontier torna a ciò che la trastulla. 90

Di picciol bene in pria sente sapore;
quivi s'inganna, e dietro ad esso corre,
se guida o fren non torce suo amore. 93

Onde convenne legge per fren porre;
convenne rege aver, che discernesse
de la vera cittade almen la torre. 96

Le leggi son, ma chi pon mano ad esse?
Nullo, però che 'l pastor che procede,
rugumar può, ma non ha l'unghie fesse; 99

per che la gente, che sua guida vede
pur a quel ben fedire ond'ella è ghiotta,
di quel si pasce, e più oltre non chiede. 102

Ben puoi veder che la mala condotta
è la cagion che 'l mondo ha fatto reo,
e non natura che 'n voi sia corrotta. 105

Soleva Roma, che 'l buon mondo feo,
due soli aver, che l'una e l'altra strada
facean vedere, e del mondo e di Deo. 108

L'un l'altro ha spento; ed è giunta la spada
col pasturale, e l'un con l'altro insieme
per viva forza mal convien che vada; 111

però che, giunti, l'un l'altro non teme:
se non mi credi, pon mente a la spiga,
ch'ogn'erba si conosce per lo seme. 114

In sul paese ch'Adice e Po riga,
solea valore e cortesia trovarsi,
prima che Federigo avesse briga; 117

or può sicuramente indi passarsi
per qualunque lasciasse, per vergogna,
di ragionar coi buoni o d'appressarsi. 120

Gli esempi dell'antica virtù

Ben v'èn tre vecchi ancora in cui rampogna
l'antica età la nova, e par lor tardo
che Dio a miglior vita li ripogna: 123

Currado da Palazzo e 'l buon **Gherardo**
e **Guido da Castel**, che mei si noma,
francescamente, il semplice Lombardo. 126

Dì oggimai che la Chiesa di Roma,
per confondere in sé due reggimenti,

cade nel fango, e sé brutta e la soma". 129

"O Marco mio", diss'io, "bene argomenti;
e or discerno perché dal retaggio
li figli di Levì furono essenti. 132

Ma qual **Gherardo** è quel che tu per saggio
di' ch'è rimaso de la gente spenta,
in rimprovèro del secol selvaggio?". 135

"O tuo parlar m'inganna, o el mi tenta",
rispuose a me; "ché, parlandomi tosco,
par che del buon **Gherardo** nulla senta. 138

Per altro sopranome io nol conosco,
s'io nol togliessi da sua figlia **Gaia**.
Dio sia con voi, ché più non vegno vosco. 141

Vedi l'albor che per lo fummo raia
già biancheggiare, e me convien partirmi
(l'angelo è ivi) prima ch'io li paia". 144

Così tornò, e più non volle udirmi.

SCHEMATICAMENTE

IL DICIASSETTESIMO CANTO DEL PURGATORIO

XVII CANTO

I poeti escono dalla III cornice e il fumo inizia a diradarsi, facendogli ammirare progressivamente il tramonto. La mente di Dante viene colpita da una forte immaginazione, chiaro segno divino.

GLI ESEMPI DI IRA PUNITA

Dante vede Procne trasformata in usignolo dopo essersi vendicata del marito Tereo, poi un uomo crocifisso (Aman) che muore accanto al Re Assuero, sua moglie Ester e Mardocheo. Per ultima vede Lavinia, che piange per il suicidio della madre, che non voleva perdere la figlia e invece ora l'ha persa per sempre. Le visioni di Dante si interrompono improvvisamente per l'abbaglio di una luce. Una voce invita Dante a salire.

L'ANGELO DELLA MANSUETUDINE

La voce appartiene all'angelo della mansuetudine, che invita i viaggiatori a salire senza che loro glielo abbiano chiesto. Chi infatti vede il bisogno altrui e ha bisogno di essere pregato per aiutare, sta già negando il suo aiuto. Virgilio esorta Dante a salire subito, visto che non sarà possibile farlo durante la notte.

LA IV CORNICE

Nella salita verso la IV cornice, un soffio di VENTO colpisce i due viaggiatori e si sente una voce che dice "Beati i pacifici". Dante chiede un po' di riposo e impiega il tempo chiedendo a Virgilio che peccati vengano puniti nella IV Cornice. Il Maestro spiega che nel luogo in cui si trovano viene punita l'ACCIDIA, l'AMORE troppo debole. Spiega poi a Dante l'intera struttura del Purgatorio.

LA STRUTTURA DEL PURGATORIO

Virgilio spiega a Dante che tutte le creature provano amore, naturale o d'elezione. L'amore naturale è sempre corretto, mentre quello d'elezione può essere rivolto a qualcosa di sbagliato, oppure sbagliare nell'intensità. L'amore corretto è quello che si prova verso Dio ed è mediato dai beni terreni, ma quando invece volge al male o ha un vigore scarso o eccessivo, finisce nel peccato. Poiché l'uomo non può odiare né se stesso né Dio, l'odio che prova è rivolto verso gli altri, e questo può generare tre reazioni, che danno luogo ai peccati.

Questi si scontano nelle prime tre cornici:

- chi reagisce calpestando il prossimo si macchia del peccato di superbia;

- chi teme di perdere amore e fama e si rattrista se viene superato, si macchia del peccato di invidia;

- chi desidera la vendetta per un torto subito si macchia del peccato di ira

Vi sono poi gli uomini che desiderano un bene e si adoperano per ottenerlo, ma in maniera troppo debole e per questo si macchiano del peccato di accidia. Questi vengono puniti nella IV Cornice.

Nelle tre cornici successive verranno invece punite le anime che in vita si sono dedicate ai beni terreni, ma Dante scoprirà chi sono alla fine del suo viaggio nel Purgatorio.

CANTO XVII

Uscita dal fumo della III Cornice

Ricorditi, lettor, se mai ne l'alpe
ti colse nebbia per la qual vedessi
non altrimenti che per pelle talpe, 3

come, quando i vapori umidi e spessi
a diradar cominciansi, la spera
del sol debilemente entra per essi; 6

e fia la tua imagine leggera
in giugnere a veder com'io rividi
lo sole in pria, che già nel corcar era. 9

Sì, pareggiando i miei co' passi fidi
del mio maestro, usci' fuor di tal nube
ai raggi morti già ne' bassi lidi. 12

O imaginativa che ne rube
talvolta sì di fuor, ch'om non s'accorge
perché dintorno suonin mille tube, 15

chi move te, se 'l senso non ti porge?
Moveti lume che nel ciel s'informa,
per sé o per voler che giù lo scorge. 18

De l'empiezza di lei che mutò forma
ne l'uccel ch'a cantar più si diletta,
ne l'imagine mia apparve l'orma; 21

e qui fu la mia mente sì ristretta
dentro da sé, che di fuor non venìa
cosa che fosse allor da lei ricetta. 24

Poi piovve dentro a l'alta fantasia

un crucifisso, dispettoso e fero
ne la sua vista, e cotal si moria; 27

Esempi di ira punita

intorno ad esso era il grande Assüero,
Estèr sua sposa e 'l giusto Mardoceo,
che fu al dire e al far così intero. 30

E come questa imagine rompeo
sé per sé stessa, a guisa d'una bulla
cui manca l'acqua sotto qual si feo, 33

surse in mia visïone una fanciulla
piangendo forte, e dicea: "O regina,
perché per ira hai voluto esser nulla? 36

Ancisa t' hai per non perder Lavina;
or m' hai perduta! Io son essa che lutto,
madre, a la tua pria ch'a l'altrui ruina". 39

Come si frange il sonno ove di butto
nova luce percuote il viso chiuso,
che fratto guizza pria che muoia tutto; 42

così l'imaginar mio cadde giuso
tosto che lume il volto mi percosse,
maggior assai che quel ch'è in nostro uso. 45

I' mi volgea per veder ov'io fosse,
quando una voce disse "Qui si monta",
che da ogne altro intento mi rimosse; 48

e fece la mia voglia tanto pronta
di riguardar chi era che parlava,
che mai non posa, se non si raffronta. 51

Ma come al sol che nostra vista grava
e per soverchio sua figura vela,
così la mia virtù quivi mancava. 54

L'Angelo della mansuetudine

"Questo è divino spirito, che ne la
via da ir sù ne drizza sanza prego,
e col suo lume sé medesmo cela. 57

Sì fa con noi, come l'uom si fa sego;
ché quale aspetta prego e l'uopo vede,
malignamente già si mette al nego. 60

Or accordiamo a tanto invito il piede;
procacciam di salir pria che s'abbui,
ché poi non si poria, se 'l dì non riede". 63

Così disse il mio duca, e io con lui
volgemmo i nostri passi ad una scala;
e tosto ch'io al primo grado fui, 66

senti' mi presso quasi un muover d'ala
e ventarmi nel viso e dir: 'Beati
pacifici, che son sanz'ira mala!'. 69

Già eran sovra noi tanto levati
li ultimi raggi che la notte segue,
che le stelle apparivan da più lati. 72

'O virtù mia, perché sì ti dilegue?',
fra me stesso dicea, ché mi sentiva
la possa de le gambe posta in triegue. 75

Noi eravam dove più non saliva
la scala sù, ed eravamo affissi,
pur come nave ch'a la piaggia arriva. 78

E io attesi un poco, s'io udissi
alcuna cosa nel novo girone;
poi mi volsi al maestro mio, e dissi: 81

"Dolce mio padre, dì, quale offensione
si purga qui nel giro dove semo?
Se i piè si stanno, non stea tuo sermone". 84

Ed elli a me: "L'amor del bene, scemo
del suo dover, quiritta si ristora;
qui si ribatte il mal tardato remo. 87

Ma perché più aperto intendi ancora,
volgi la mente a me, e prenderai
alcun buon frutto di nostra dimora". 90

L'amore mal riposto e la struttura del Purgatorio

"Né creator né creatura mai",
cominciò el, "figliuol, fu sanza amore,
o naturale o d'animo; e tu 'l sai. 93

Lo naturale è sempre sanza errore,
ma l'altro puote errar per malo obietto
o per troppo o per poco di vigore. 96

Mentre ch'elli è nel primo ben diretto,
e ne' secondi sé stesso misura,
esser non può cagion di mal diletto; 99

ma quando al mal si torce, o con più cura
o con men che non dee corre nel bene,
contra 'l fattore adovra sua fattura. 102

Quinci comprender puoi ch'esser convene
amor sementa in voi d'ogne virtute

e d'ogne operazion che merta pene.   105

Or, perché mai non può da la salute
amor del suo subietto volger viso,
da l'odio proprio son le cose tute;   108

e perché intender non si può diviso,
e per sé stante, alcuno esser dal primo,
da quello odiare ogne effetto è deciso.   111

Resta, se dividendo bene stimo,
che 'l mal che s'ama è del prossimo; ed esso
amor nasce in tre modi in vostro limo.   114

E' chi, per esser suo vicin soppresso,
spera eccellenza, e sol per questo brama
ch'el sia di sua grandezza in basso messo;   117

è chi podere, grazia, onore e fama
teme di perder perch'altri sormonti,
onde s'attrista sì che 'l contrario ama;   120

ed è chi per ingiuria par ch'aonti,
sì che si fa de la vendetta ghiotto,
e tal convien che 'l male altrui impronti.   123

Questo triforme amor qua giù di sotto
si piange: or vo' che tu de l'altro intende,
che corre al ben con ordine corrotto.   126

Ciascun confusamente un bene apprende
nel qual si queti l'animo, e disira;
per che di giugner lui ciascun contende.   129

Se lento amore a lui veder vi tira

o a lui acquistar, questa cornice,
dopo giusto penter, ve ne martira. 132

Altro ben è che non fa l'uom felice;
non è felicità, non è la buona
essenza, d'ogne ben frutto e radice. 135

L'amor ch'ad esso troppo s'abbandona,
di sovr'a noi si piange per tre cerchi;
ma come tripartito si ragiona, 138

tacciolo, acciò che tu per te ne cerchi".

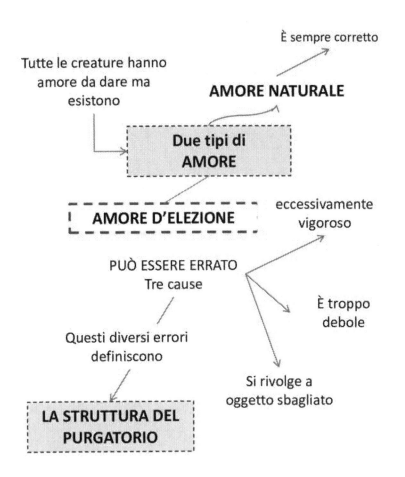

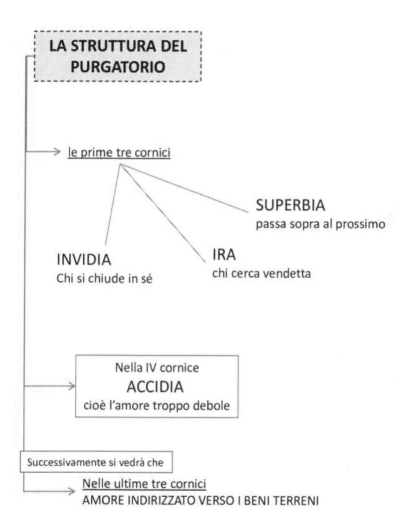

SCHEMATICAMENTE

IL DICIOTTESIMO CANTO DEL PURGATORIO

XVIII CANTO

Ancora nella IV cornice, Dante desidera sapere ulteriori dettagli sulla VISIONE DELL'AMORE di Virgilio, il quale afferma che l'amore è motivo di peccato e virtù. Virgilio, intuito il desiderio del compagno, glielo spiega.

LA VISIONE DELL'AMORE

L'uomo si dedica a ciò che gli piace, è attratto naturalmente da ciò che gli piace se l'oggetto del suo desiderio è disposto a farsi amare. Come una fiamma che sale verso l'alto, l'animo umano si dedica completamente a ciò che ama finché questo gli provoca gioia. Dante capisce il suo discorso, ma vorrebbe capire come mai si possa considerare una colpa, se l'uomo risponde a un istinto naturale. Virgilio allora affronta l'argomento dal punto di vista filosofico, e specificando che nel Paradiso potrà avere altre spiegazioni da Beatrice. Il Maestro, rifacendosi alle teorie di Aristotele, spiega che l'amore è innato nell'uomo, ma egli deve essere capace di governare i propri impulsi naturali a seconda della sua volontà, e che è proprio questa virtù che Beatrice chiama IL LIBERO ARBITRIO. Dal modo che ha l'uomo di governare gli impulsi, deriva la colpa o il merito.
Il tema ha un ruolo centrale nel Purgatorio, ed è una visione contraria a quella dell'amor cortese, in cui l'amore viene visto come un'esperienza totalizzante e dalla quale era difficile sottrarsi, di cui Dante stesso era esponente.

GLI ACCIDIOSI

Virgilio ha chiarito i dubbi di Dante, che vorrebbe riposarsi e trascorrere la notte, ma viene scosso dalle anime degli accidiosi intenti a giungere a grandi passi verso di loro. Costretti sempre a muoversi e ad andare avanti con energia, dal momento in cui in vita hanno messo poco trasporto nelle emozioni, Dante capisce subito che si tratta degli accidiosi. Questi riportano esempi di sollecitudine e si incitano a vicenda per raggiungere la grazia divina con le buone azioni. Virgilio chiede loro quale sia la strada per proseguire.

L'ABATE DI SAN ZENO

Risponde alla domanda l'Abate di San Zeno, vissuto a Verona sotto l'impero di Barbarossa. Egli è rammaricato perché Alberto della Scala, prossimo alla morte, ha ceduto il monastero al suo figlio illegittimo al posto di lasciare la carica al prelato che l'avrebbe dovuta ricoprire. Terminato il discorso, l'Abate scappa velocemente e Virgilio indica a Dante due accidiosi che intanto urlano esempi del peccato punito. Poco dopo Dante si addormenta.

CANTO XVIII

Virgilio sulla natura dell'amore

Posto avea fine al suo ragionamento
l'alto dottore, e attento guardava
ne la mia vista s'io parea contento; 3

e io, cui nova sete ancor frugava,
di fuor tacea, e dentro dicea: 'Forse
lo troppo dimandar ch'io fo li grava'. 6

Ma quel padre verace, che s'accorse
del timido voler che non s'apriva,
parlando, di parlare ardir mi porse. 9

Ond'io: "Maestro, il mio veder s'avviva
sì nel tuo lume, ch'io discerno chiaro
quanto la tua ragion parta o descriva. 12

Però ti prego, dolce padre caro,
che mi dimostri amore, a cui reduci
ogne buono operare e 'l suo contraro". 15

"Drizza", disse, "ver' me l'agute luci
de lo 'ntelletto, e fieti manifesto
l'error de' ciechi che si fanno duci. 18

L'animo, ch'è creato ad amar presto,
ad ogne cosa è mobile che piace,
tosto che dal piacere in atto è desto. 21

Vostra apprensiva da esser verace
tragge intenzione, e dentro a voi la spiega,
sì che l'animo ad essa volger face; 24

e se, rivolto, inver' di lei si piega,

quel piegare è amor, quell'è natura
che per piacer di novo in voi si lega. 27

Poi, come 'l foco movesi in altura
per la sua forma ch'è nata a salire
là dove più in sua matera dura, 30

così l'animo preso entra in disire,
ch'è moto spiritale, e mai non posa
fin che la cosa amata il fa gioire. 33

Or ti puote apparer quant'è nascosa
la veritate a la gente ch'avvera
ciascun amore in sé laudabil cosa; 36

però che forse appar la sua matera
sempre esser buona, ma non ciascun segno
è buono, ancor che buona sia la cera". 39

Tra amore e libero arbitrio

"Le tue parole e 'l mio seguace ingegno",
rispuos'io lui, "m' hanno amor discoverto,
ma ciò m' ha fatto di dubbiar più pregno; 42

ché, s'amore è di fuori a noi offerto
e l'anima non va con altro piede,
se dritta o torta va, non è suo merto". 45

Ed elli a me: "Quanto ragion qui vede,
dir ti poss'io; da indi in là t'aspetta
pur a Beatrice, ch'è opra di fede. 48

Ogne forma sustanzïal, che setta
è da matera ed è con lei unita,
specifica vertute ha in sé colletta, 51

la qual sanza operar non è sentita,
né si dimostra mai che per effetto,
come per verdi fronde in pianta vita.   54

Però, là onde vegna lo 'ntelletto
de le prime notizie, omo non sape,
e de' primi appetibili l'affetto,   57

che sono in voi sì come studio in ape
di far lo mele; e questa prima voglia
merto di lode o di biasmo non cape.   60

Or perché a questa ogn'altra si raccoglia,
innata v'è la virtù che consiglia,
e de l'assenso de' tener la soglia.   63

Quest'è 'l principio là onde si piglia
ragion di meritare in voi, secondo
che buoni e rei amori accoglie e viglia.   66

Color che ragionando andaro al fondo,
s'accorser d'esta innata libertate;
però moralità lasciaro al mondo.   69

Onde, poniam che di necessitate
surga ogne amor che dentro a voi s'accende,
di ritenerlo è in voi la podestate.   72

La nobile virtù Beatrice intende
per lo libero arbitrio, e però guarda
che l'abbi a mente, s'a parlar ten prende".   75

Esempi di sollecitudine

La luna, quasi a mezza notte tarda,
facea le stelle a noi parer più rade,
fatta com'un secchion che tuttor arda;   78

e correa contra 'l ciel per quelle strade
che 'l sole infiamma allor che quel da Roma
tra ' Sardi e ' Corsi il vede quando cade. 81

E quell'ombra gentil per cui si noma
Pietola più che villa mantoana,
del mio carcar diposta avea la soma; 84

per ch'io, che la ragione aperta e piana
sovra le mie quistioni avea ricolta,
stava com'om che sonnolento vana. 87

Ma questa sonnolenza mi fu tolta
subitamente da gente che dopo
le nostre spalle a noi era già volta. 90

E quale Ismeno già vide e Asopo
lungo di sé di notte furia e calca,
pur che i Teban di Bacco avesser uopo, 93

cotal per quel giron suo passo falca,
per quel ch'io vidi di color, venendo,
cui buon volere e giusto amor cavalca. 96

Tosto fur sovr'a noi, perché correndo
si movea tutta quella turba magna;
e due dinanzi gridavan piangendo: 99

"Maria corse con fretta a la montagna;
e Cesare, per soggiogare Ilerda,
punse Marsilia e poi corse in Ispagna". 102

"Ratto, ratto, che 'l tempo non si perda

per poco amor", gridavan li altri appresso,
"che studio di ben far grazia rinverda". 105

Incontro con l'abate di San Zeno

O gente in cui fervore aguto adesso
ricompie forse negligenza e indugio
da voi per tepidezza in ben far messo, 108

questi che vive, e certo i' non vi bugio,
vuole andar sù, pur che 'l sol ne riluca;
però ne dite ond'è presso il pertugio". 111

Parole furon queste del mio duca;
e un di quelli spirti disse: "Vieni
di retro a noi, e troverai la buca. 114

Noi siam di voglia a muoverci sì pieni,
che restar non potem; però perdona,
se villania nostra giustizia tieni. 117

Io fui abate in San Zeno a Verona
sotto lo 'mperio del buon Barbarossa,
di cui dolente ancor Milan ragiona. 120

E tale ha già l'un piè dentro la fossa,
che tosto piangerà quel monastero,
e tristo fia d'avere avuta possa; 123

perché suo figlio, mal del corpo intero,
e de la mente peggio, e che mal nacque,
ha posto in loco di suo pastor vero". 126

Io non so se più disse o s'ei si tacque,
tant'era già di là da noi trascorso;
ma questo intesi, e ritener mi piacque. 129

E quei che m'era ad ogne uopo soccorso
disse: "Volgiti qua: vedine due
venir dando a l'accidïa di morso". 132

Esempi di accidia punita

Di retro a tutti dicean: "Prima fue
morta la gente a cui il mar s'aperse,
che vedesse Iordan le rede sue. 135

E quella che l'affanno non sofferse
fino a la fine col figlio d'Anchise,
sé stessa a vita sanza gloria offerse". 138

Poi quando fuor da noi tanto divise
quell'ombre, che veder più non potiersi,
novo pensiero dentro a me si mise, 141

del qual più altri nacquero e diversi;
e tanto d'uno in altro vaneggiai,
che li occhi per vaghezza ricopersi, 144

e 'l pensamento in sogno trasmutai.

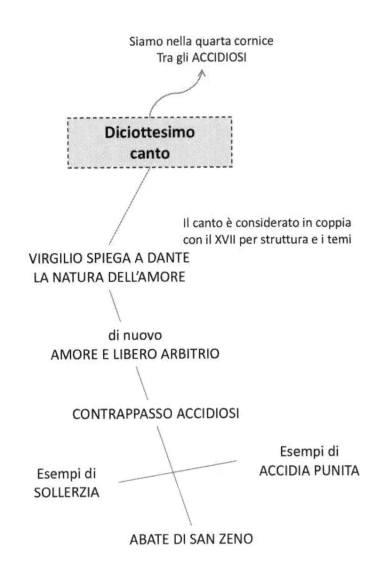

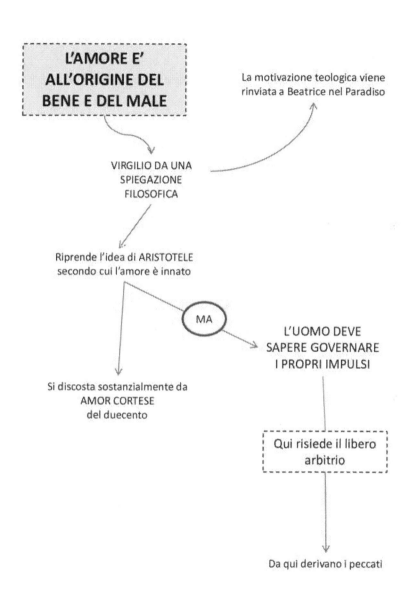

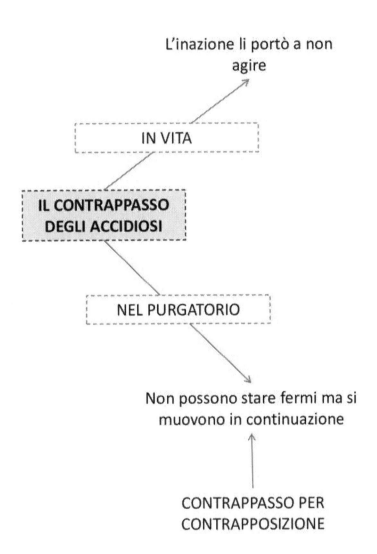

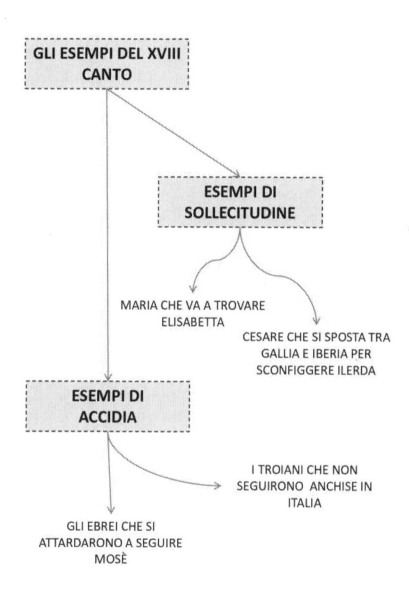

SCHEMATICAMENTE

IL DICIANNOVESIMO CANTO DELLA DIVINA COMMEDIA

XIX CANTO

I due poeti si trovano ancora nella IV cornice e, alle prime luci del mattino, come altre notti avvenne, Dante sogna.

IL SOGNO DI DANTE: LA SIRENA

Dante SOGNA una donna balbuziente, zoppa, con gli occhi storti e il colorito smorto. Come succede con il sole, lo sguardo di Dante dona colorito alla donna e le raddrizza il corpo. La donna inizia presto a cantare, presentandosi come la sirena che ammalia i marinai in mezzo al mare. La donna ha ammaliato anche Ulisse che, seppur determinato, ha rallentato il suo viaggio per stare con lei. Compare nel sogno anche un'altra donna, santa e sollecita, che si rivolge a Virgilio chiedendo chi sia la prima. Virgilio allora, fissando in volto la donna santa, strappa le vesti della sirena, mostrando a Dante il ventre della donna, che ha emanato un fetore tale da svegliare Dante. Al suo risveglio, Dante scopre di essere stato chiamato per tre volte da Virgilio per alzarsi e proseguire.
I due poeti vengono chiamati dall'Angelo della sollecitudine, che apre le sue ali e li conduce verso la scala che li porterà nella V CORNICE.

L'INTERPRETAZIONE DEL SOGNO

Virgilio, accortosi che Dante è diventato pensieroso, chiede il motivo di tale turbamento e gli spiega che la donna che ha sognato rappresenta la cupidigia verso i beni terreni, ovvero i peccati puniti nelle cornici successive. Il poeta mantovano aggiunge che ha visto anche il modo con cui liberarsene, poi invita Dante a proseguire nella V CORNICE.

ADRIANO V

Appena entrati nella cornice Dante vede delle anime stese a terra che recitano il salmo Adhaesit pavimento anima mea. Virgilio chiede loro quale sia la strada per proseguire, risponde un uomo che gli consiglia di stare con il fianco destro nella parte esterna della cornice e sembra voler continuare a parlare. Con il consenso di Virgilio, Dante si avvicina.
L'uomo è Adriano V, si presenta come un successore di papa Pietro e spiega di essere di origine ligure. Si convertì tardi e fu papa per poco più di un mese, tempo sufficiente per capire che è una carica difficile per chi deve prevenire la corruzione e di tutti gli errori che in vita ha commesso e che ora sconta. Sconta la sua pena perché era avaro e ambizioso.

GLI AVARI E I PRODIGHI

La pena per loro è quella più crudele: le anime sono costrette a rimanere a terra con il volto verso il pavimento e le mani e i piedi legati e rimarranno in quella posizione fino alla decisione di Dio. Come nella vita hanno rivolto lo sguardo verso il basso, pensando solo ai beni terreni, ora non possono rivolgere lo sguardo altrove.
Dante si inginocchia al cospetto di Adriano, ma l'uomo lo ammonisce, spiegando a Dante che la reverenza terrena non è da applicare nel regno divino, perché sono tutti egualmente soggetti alla stessa autorità di Dio. L'uomo infine congeda i due poeti per proseguire l'espiazione della sua pena.

CANTO XIX

Il sogno della femmina balbuiente

Ne l'ora che non può 'l calor dïurno
intepidar più 'l freddo de la luna,
vinto da terra, e talor da Saturno   3

- quando i geomanti lor Maggior Fortuna
veggiono in orïente, innanzi a l'alba,
surger per via che poco le sta bruna -,   6

mi venne in sogno una femmina balba,
ne li occhi guercia, e sovra i piè distorta,
con le man monche, e di colore scialba.   9

Io la mirava; e come 'l sol conforta
le fredde membra che la notte aggrava,
così lo sguardo mio le facea scorta   12

la lingua, e poscia tutta la drizzava
in poco d'ora, e lo smarrito volto,
com'amor vuol, così le colorava.   15

Poi ch'ell'avea 'l parlar così disciolto,
cominciava a cantar sì, che con pena
da lei avrei mio intento rivolto.   18

"Io son", cantava, "io son dolce serena,
che ' marinari in mezzo mar dismago;
tanto son di piacere a sentir piena!   21

Io volsi Ulisse del suo cammin vago
al canto mio; e qual meco s'ausa,
rado sen parte; sì tutto l'appago!".   24

Ancor non era sua bocca richiusa,
quand'una donna apparve santa e presta
lunghesso me per far colei confusa.   27

"O Virgilio, Virgilio, chi è questa?",
fieramente dicea; ed el venìa
con li occhi fitti pur in quella onesta.   30

L'altra prendea, e dinanzi l'apria
fendendo i drappi, e mostravami 'l ventre;
quel mi svegliò col puzzo che n'uscia.   33

Io mossi li occhi, e 'l buon maestro: "Almen tre
voci t' ho messe!", dicea, "Surgi e vieni;
troviam l'aperta per la qual tu entre".   36

L'Angelo della sollecitudine

Sù mi levai, e tutti eran già pieni
de l'alto dì i giron del sacro monte,
e andavam col sol novo a le reni.   39

Seguendo lui, portava la mia fronte
come colui che l' ha di pensier carca,
che fa di sé un mezzo arco di ponte;   42

quand'io udi' "Venite; qui si varca"
parlare in modo soave e benigno,
qual non si sente in questa mortal marca.   45

Con l'ali aperte, che parean di cigno,
volseci in sù colui che sì parlonne
tra due pareti del duro macigno.   48

Mosse le penne poi e ventilonne,
'Qui lugent'affermando esser beati,
ch'avran di consolar l'anime donne.   51

"Che hai che pur inver' la terra guati?",
la guida mia incominciò a dirmi,
poco amendue da l'angel sormontati.　　　54

E io: "Con tanta sospeccion fa irmi
novella visïon ch'a sé mi piega,
sì ch'io non posso dal pensar partirmi".　　57
Spiegazioone del sogno di Dante

"Vedesti", disse, "quell'antica strega
che sola sovr'a noi omai si piagne;
vedesti come l'uom da lei si slega.　　　60

Bastiti, e batti a terra le calcagne;
li occhi rivolgi al logoro che gira
lo rege etterno con le rote magne".　　　63

Quale 'l falcon, che prima a' piè si mira,
indi si volge al grido e si protende
per lo disio del pasto che là il tira,　　　66

tal mi fec'io; e tal, quanto si fende
la roccia per dar via a chi va suso,
n'andai infin dove 'l cerchiar si prende.　　69
Penitenti avari e prodighi

Com'io nel quinto giro fui dischiuso,
vidi gente per esso che piangea,
giacendo a terra tutta volta in giuso.　　　72

'Adhaesit pavimento anima mea'
sentia dir lor con sì alti sospiri,
che la parola a pena s'intendea.　　　　75

"O eletti di Dio, li cui soffriri
e giustizia e speranza fa men duri,

drizzate noi verso li alti saliri". 78

"Se voi venite dal giacer sicuri,
e volete trovar la via più tosto,
le vostre destre sien sempre di fori". 81

Così pregò 'l poeta, e sì risposto
poco dinanzi a noi ne fu; per ch'io
nel parlare avvisai l'altro nascosto, 84

e volsi li occhi a li occhi al segnor mio:
ond'elli m'assentì con lieto cenno
ciò che chiedea la vista del disio. 87

Poi ch'io potei di me fare a mio senno,
trassimi sovra quella creatura
le cui parole pria notar mi fenno, 90

dicendo: "Spirto in cui pianger matura
quel sanza 'l quale a Dio tornar non pòssi,
sosta un poco per me tua maggior cura. 93

Chi fosti e perché vòlti avete i dossi
al sù, mi dì, e se vuo' ch'io t'impetri
cosa di là ond'io vivendo mossi". 96

Incontro con Adriano V

Ed elli a me: "Perché i nostri diretri
rivolga il cielo a sé, saprai; ma prima
scias quod ego fui successor Petri. 99

Intra Sïestri e Chiaveri s'adima
una fiumana bella, e del suo nome
lo titol del mio sangue fa sua cima. 102

Un mese e poco più prova' io come

pesa il gran manto a chi dal fango il guarda,
che piuma sembran tutte l'altre some. 105

La mia conversïone, omè!, fu tarda;
ma, come fatto fui roman pastore,
così scopersi la vita bugiarda. 108

Vidi che lì non s'acquetava il core,
né più salir potiesi in quella vita;
per che di questa in me s'accese amore. 111

Fino a quel punto misera e partita
da Dio anima fui, del tutto avara;
or, come vedi, qui ne son punita. 114

Quel ch'avarizia fa, qui si dichiara
in purgazion de l'anime converse;
e nulla pena il monte ha più amara. 117

Adriano V spiega il contrappasso

Sì come l'occhio nostro non s'aderse
in alto, fisso a le cose terrene,
così giustizia qui a terra il merse. 120

Come avarizia spense a ciascun bene
lo nostro amore, onde operar perdési,
così giustizia qui stretti ne tene, 123

ne' piedi e ne le man legati e presi;
e quanto fia piacer del giusto Sire,
tanto staremo immobili e distesi". 126

Io m'era inginocchiato e volea dire;
ma com'io cominciai ed el s'accorse,
solo ascoltando, del mio reverire, 129

"Qual cagion", disse, "in giù così ti torse?".
E io a lui: "Per vostra dignitate
mia coscïenza dritto mi rimorse".   132

"Drizza le gambe, lèvati sù, frate!",
rispuose; "non errar: conservo sono
teco e con li altri ad una podestate.   135

Se mai quel santo evangelico suono
che dice 'Neque nubent' intendesti,
ben puoi veder perch'io così ragiono.   138

Vattene omai: non vo' che più t'arresti;
ché la tua stanza mio pianger disagia,
col qual maturo ciò che tu dicesti.   141

Nepote ho io di là c'ha nome Alagia,
buona da sé, pur che la nostra casa
non faccia lei per essempro malvagia;   144

e questa sola di là m'è rimasa".

Il canto si svolge dapprima nella IV cornice
e poi si sposta nella V cornice

Il diciannovesimo canto

Sogno di Dante
LA SIRENA

VIRGILIO INTERPRETA IL
SOGNO DI DANTE

PASSAGGO ALLA V
CORNICE

INCONTRO CON ADRIANO V

CONTRAPPASSO DI AVARI E
PRODIGHI

IL SOGNO DELLA SIRENA

Dante sogna una donna smunta che si rianima grazie allo sguardo del poeta

Rivela di essere una sirena che ammalia i marinai

Arriva un'ALTRA DONNA ma santa che spinge Virgilio a strappare le vesti della sirena

Come aveva fatto con Ulisse

Si rivela il ventre maleodorante della donna che fa svegliare il poeta

COLLEGAMENTO con la figura di Ulisse collocato nell'Inferno

INTERPRETAZIONE

La sirena sognata da Dante rappresenta la cupidigia verso i beni terreni

Proietta il lettore già nella cornice successiva

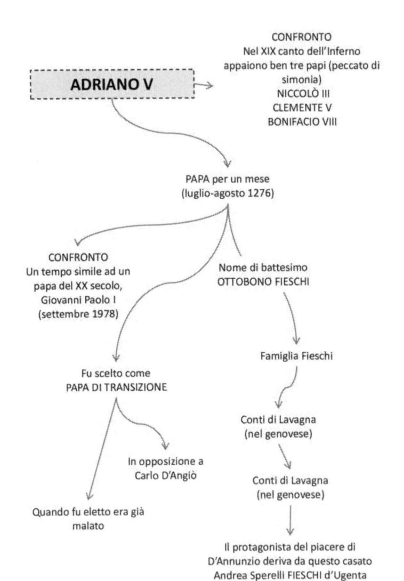

SCHEMATICAMENTE

IL VENTESIMO CANTO PURGATORIO

XX CANTO

Dante prosegue seguendo Virgilio nella V Cornice. I poeti proseguono camminando vicini alla parete del monte, perché nell'altro versante, rivolti verso il vuoto, ci sono i dannati.

ESEMPI DI LIBERALITÀ

L'attenzione di Dante viene catturata dalle parole delle anime dannate, la prima delle quali cita l'esempio di Maria, talmente povera da aver partorito dentro una stalla. La stessa voce cita Gaio Fabrizio Luscinio, console che scelse una vita di povertà e infine San Niccolò, gentile con le fanciulle. Si tratta di esempi positivi di persone che non erano interessate ai beni materiali. Dante si avvicina all'anima da cui sembra proseguire la voce e incontra UGO CAPETO. L'uomo decide di parlare con Dante per la grazia divina emanata da Dante e non per la possibilità di ottenere preghiere dai vivi.

UGO CAPETO

L'uomo racconta di essere il capostipite della famiglia dei Capetingi, padre dei Re francesi Filippo e Luigi. I suoi discendenti non si sono distinti né per le imprese né malefatte, fino al momento dell'annessione della Provenza. Da quel momento la stirpe si è macchiata di violenze inaudite, che l'uomo racconta a Dante e che culminano con Carlo II D'Angiò, il quale arrivò addirittura a vendere sua figlia per avarizia, e di Filippo Il Bello, colui che guidò l'oltraggio a papa Bonifacio VIII. L'uomo invoca la giustizia divina per tutti loro.

ESEMPI DI AVARIZIA PUNITA

Ugo spiega a Dante che le anime durante il giorno citano esempi di liberalità, mentre di notte vengono fatti gli esempi contrari, quelli di avarizia punita. Un esempio è Pigmalione, che per avarizia tradì e uccise il cognato Sicheo; il re Mida; Polinestore, che uccise Polidoro infine Licinio Crasso, la cui bocca fu riempita di oro fuso dopo la morte. Ugo Capeto spiega inoltre che tutti fanno gli esempi, ma il volume della loro voce è proporzionale al sentimento che li muove. Lasciato il penitente, i due poeti cercano di proseguire ma il loro viaggio viene presto interrotto da un fortissimo TERREMOTO. Le anime iniziano a cantare Gloria in excelsis Deo, mentre Dante e Virgilio attendono che passi.

CANTO XX

Dante e Virgilio riprendono il cammino

Contra miglior voler voler mal pugna;
onde contra 'l piacer mio, per piacerli,
trassi de l'acqua non sazia la spugna.   3

Mossimi; e 'l duca mio si mosse per li
luoghi spediti pur lungo la roccia,
come si va per muro stretto a' merli;   6

ché la gente che fonde a goccia a goccia
per li occhi il mal che tutto 'l mondo occupa,
da l'altra parte in fuor troppo s'approccia.   9

Maladetta sie tu, antica lupa,
che più che tutte l'altre bestie hai preda
per la tua fame sanza fine cupa!   12

O ciel, nel cui girar par che si creda
le condizion di qua giù trasmutarsi,
quando verrà per cui questa disceda?   15

Esempi di liberalità

Noi andavam con passi lenti e scarsi,
e io attento a l'ombre, ch'i' sentia
pietosamente piangere e lagnarsi;   18

e per ventura udi' "Dolce Maria!"
dinanzi a noi chiamar così nel pianto
come fa donna che in parturir sia;   21

e seguitar: "Povera fosti tanto,
quanto veder si può per quello ospizio
dove sponesti il tuo portato santo".   24

Seguentemente intesi: "O buon Fabrizio,

con povertà volesti anzi virtute
che gran ricchezza posseder con vizio". 27

Queste parole m'eran sì piaciute,
ch'io mi trassi oltre per aver contezza
di quello spirto onde parean venute. 30

Esso parlava ancor de la larghezza
che fece Niccolò a le pulcelle,
per condurre ad onor lor giovinezza. 33

Incontro con Ugo Capeto

"O anima che tanto ben favelle,
dimmi chi fosti", dissi, "e perché sola
tu queste degne lode rinovelle. 36

Non fia sanza mercé la tua parola,
s'io ritorno a compiér lo cammin corto
di quella vita ch'al termine vola". 39

Ed elli: "Io ti dirò, non per conforto
ch'io attenda di là, ma perché tanta
grazia in te luce prima che sie morto. 42

Io fui radice de la mala pianta
che la terra cristiana tutta aduggia,
sì che buon frutto rado se ne schianta. 45

Ma se Doagio, Lilla, Guanto e Bruggia
potesser, tosto ne saria vendetta;
e io la cheggio a lui che tutto giuggia. 48

Chiamato fui di là Ugo Ciappetta;
di me son nati i Filippi e i Luigi
per cui novellamente è Francia retta. 51

Figliuol fu' io d'un beccaio di Parigi:
quando li regi antichi venner meno
tutti, fuor ch'un renduto in panni bigi, 54

trova' mi stretto ne le mani il freno
del governo del regno, e tanta possa
di nuovo acquisto, e sì d'amici pieno, 57

ch'a la corona vedova promossa
la testa di mio figlio fu, dal quale
cominciar di costor le sacrate ossa. 60

Mentre che la gran dota provenzale
al sangue mio non tolse la vergogna,
poco valea, ma pur non facea male. 63

Lì cominciò con forza e con menzogna
la sua rapina; e poscia, per ammenda,
Pontì e Normandia prese e Guascogna. 66

Carlo venne in Italia e, per ammenda,
vittima fé di Curradino; e poi
ripinse al ciel Tommaso, per ammenda. 69

Tempo vegg'io, non molto dopo ancoi,
che tragge un altro Carlo fuor di Francia,
per far conoscer meglio e sé e ' suoi. 72

Sanz'arme n'esce e solo con la lancia
con la qual giostrò Giuda, e quella ponta
sì, ch'a Fiorenza fa scoppiar la pancia. 75

Quindi non terra, ma peccato e onta
guadagnerà, per sé tanto più grave,
quanto più lieve simil danno conta. 78

L'altro, che già uscì preso di nave,
veggio vender sua figlia e patteggiarne
come fanno i corsar de l'altre schiave. 81

O avarizia, che puoi tu più farne,
poscia c' ha' il mio sangue a te sì tratto,
che non si cura de la propria carne? 84

Perché men paia il mal futuro e 'l fatto,
veggio in Alagna intrar lo fiordaliso,
e nel vicario suo Cristo esser catto. 87

Veggiolo un'altra volta esser deriso;
veggio rinovellar l'aceto e 'l fiele,
e tra vivi ladroni esser anciso. 90

Veggio il novo Pilato sì crudele,
che ciò nol sazia, ma sanza decreto
portar nel Tempio le cupide vele. 93

O Segnor mio, quando sarò io lieto
a veder la vendetta che, nascosa,
fa dolce l'ira tua nel tuo secreto? 96

Alcuni esempi di avarizia punita

Ciò ch'io dicea di quell'unica sposa
de lo Spirito Santo e che ti fece
verso me volger per alcuna chiosa, 99

tanto è risposto a tutte nostre prece
quanto 'l dì dura; ma com'el s'annotta,
contrario suon prendemo in quella vece. 102

Noi repetiam Pigmalïon allotta,
cui traditore e ladro e paricida

fece la voglia sua de l'oro ghiotta; 105

e la miseria de l'avaro Mida,
che seguì a la sua dimanda gorda,
per la qual sempre convien che si rida. 108

Del folle Acàn ciascun poi si ricorda,
come furò le spoglie, sì che l'ira
di Iosüè qui par ch'ancor lo morda. 111

Indi accusiam col marito Saffira;
lodiamo i calci ch'ebbe Elïodoro;
e in infamia tutto 'l monte gira 114

Polinestòr ch'ancise Polidoro;
ultimamente ci si grida: "Crasso,
dilci, che 'l sai: di che sapore è l'oro?". 117

Talor parla l'uno alto e l'altro basso,
secondo l'affezion ch'ad ir ci sprona
ora a maggiore e ora a minor passo: 120

però al ben che 'l dì ci si ragiona,
dianzi non era io sol; ma qui da presso
non alzava la voce altra persona". 123

Noi eravam partiti già da esso,
e brigavam di soverchiar la strada
tanto quanto al poder n'era permesso, 126

Il terremoto in Purgatorio

quand'io senti', come cosa che cada,
tremar lo monte; onde mi prese un gelo
qual prender suol colui ch'a morte vada. 129

Certo non si scoteo sì forte Delo,

pria che Latona in lei facesse 'l nido
a parturir li due occhi del cielo.   132

Poi cominciò da tutte parti un grido
tal, che 'l maestro inverso me si feo,
dicendo: "Non dubbiar, mentr'io ti guido".   135

'Glorïa in excelsis' tutti 'Deo'
dicean, per quel ch'io da' vicin compresi,
onde intender lo grido si poteo.   138

No' istavamo immobili e sospesi
come i pastor che prima udir quel canto,
fin che 'l tremar cessò ed el compiési.   141

Poi ripigliammo nostro cammin santo,
guardando l'ombre che giacean per terra,
tornate già in su l'usato pianto.   144

Nulla ignoranza mai con tanta guerra
mi fé desideroso di sapere,
se la memoria mia in ciò non erra,   147

quanta pareami allor, pensando, avere;
né per la fretta dimandare er'oso,
né per me lì potea cosa vedere: 150

così m'andava timido e pensoso.

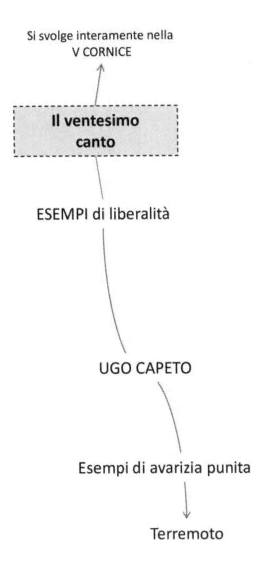

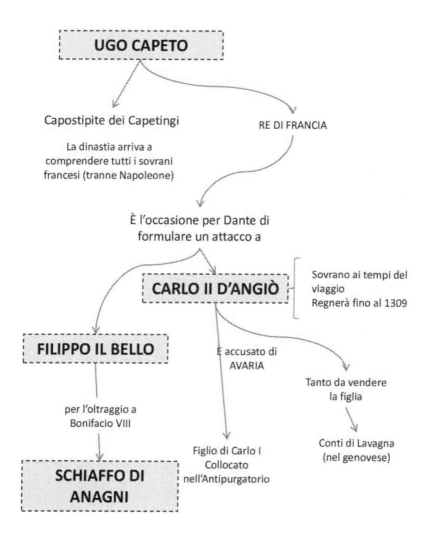

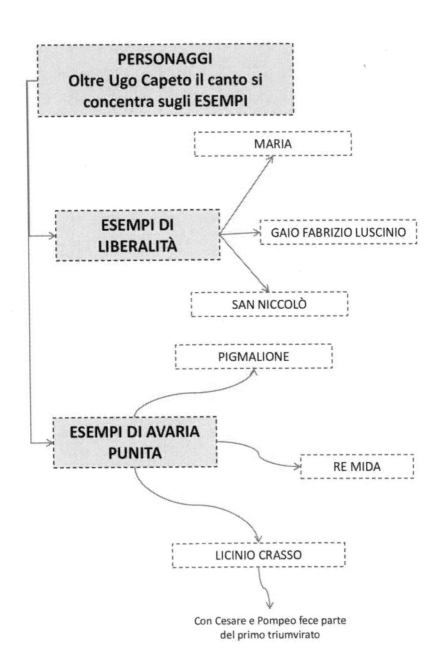

SCHEMATICAMENTE

IL VENTUNESIMO CANTO DEL PURGATORIO

XXI CANTO

I poeti proseguono il cammino nella V cornice quando vengono affiancati dal commediografo romano STAZIO. Egli chiede il motivo del loro viaggio e riceve le spiegazioni di Virgilio, che ne approfitta per chiedere il motivo del TERREMOTO appena accaduto, indovinando il desiderio di conoscere di Dante.

IL TERREMOTO NEL PURGATORIO

Stazio spiega ai due poeti che il Purgatorio non è soggetto ad agenti atmosferici come succede sulla terra, quindi l'origine non può essere geologica ma divina. Il motivo è che un'anima ha ricevuto la purificazione ed è pronta a salire all'Eden, mentre prima la salita gli era impedita dalla giustizia divina.

STAZIO

Stazio si presenta come poeta latino vissuto ai tempi in cui Tito vendicò la crocifissione di Cristo. Nel mondo viene ancora ricordato come l'autore di Tebaide e Achilleide, opere che ha scritto ispirandosi all'Eneide di Virgilio. Stazio prova per Virgilio tanta ammirazione, ma lo nomina senza riconoscerlo. A quel punto Dante sorride, consapevole che l'autore stia parlando proprio con il poeta che egli desidera vedere.

LA MODESTIA DI VIRGILIO

Virgilio si volta verso Dante facendo il cenno di tacere, ma Stazio si accorge del sorriso di Dante e ne chiede il motivo. Dante a quel punto, con il benestare di Virgilio, rivela che il poeta di cui egli parla è proprio la sua guida. Stazio si inchina allora ai piedi di Virgilio per rendergli omaggio, ma viene fermato da Virgilio che gli ricorda che sono solo due anime (che quindi sono uguali davanti a Dio).

CANTO XXI

Incontro con Stazio che li accompagna

La sete natural che mai non sazia
se non con l'acqua onde la femminetta
samaritana domandò la grazia,   3

mi travagliava, e pungeami la fretta
per la 'mpacciata via dietro al mio duca,
e condoleami a la giusta vendetta.   6

Ed ecco, sì come ne scrive Luca
che Cristo apparve a' due ch'erano in via,
già surto fuor de la sepulcral buca,   9

ci apparve un'ombra, e dietro a noi venìa,
dal piè guardando la turba che giace;
né ci addemmo di lei, sì parlò pria,   12

dicendo: "O frati miei, Dio vi dea pace".
Noi ci volgemmo sùbiti, e Virgilio
rendéli 'l cenno ch'a ciò si conface.   15

Poi cominciò: "Nel beato concilio
ti ponga in pace la verace corte
che me rilega ne l'etterno essilio".   18

"Come!", diss'elli, e parte andavam forte:
"se voi siete ombre che Dio sù non degni,
chi v' ha per la sua scala tanto scorte?".   21

E 'l dottor mio: "Se tu riguardi a' segni
che questi porta e che l'angel profila,
ben vedrai che coi buon convien ch'e' regni.   24

Ma perché lei che dì e notte fila

non li avea tratta ancora la conocchia
che Cloto impone a ciascuno e compila, 27

l'anima sua, ch'è tua e mia serocchia,
venendo sù, non potea venir sola,
però ch'al nostro modo non adocchia. 30

Ond'io fui tratto fuor de l'ampia gola
d'inferno per mostrarli, e mosterrolli
oltre, quanto 'l potrà menar mia scola. 33

Ma dimmi, se tu sai, perché tai crolli
diè dianzi 'l monte, e perché tutto ad una
parve gridare infino a' suoi piè molli". 36

Spiegazione del terremoto

Sì mi diè, dimandando, per la cruna
del mio disio, che pur con la speranza
si fece la mia sete men digiuna. 39

Quei cominciò: "Cosa non è che sanza
ordine senta la religïone
de la montagna, o che sia fuor d'usanza. 42

Libero è qui da ogne alterazione:
di quel che 'l ciel da sé in sé riceve
esser ci puote, e non d'altro, cagione. 45

Per che non pioggia, non grando, non neve,
non rugiada, non brina più sù cade
che la scaletta di tre gradi breve; 48

nuvole spesse non paion né rade,
né coruscar, né figlia di Taumante,
che di là cangia sovente contrade; 51

secco vapor non surge più avante
ch'al sommo d'i tre gradi ch'io parlai,
dov' ha 'l vicario di Pietro le piante. 54

Trema forse più giù poco o assai;
ma per vento che 'n terra si nasconda,
non so come, qua sù non tremò mai. 57

Tremaci quando alcuna anima monda
sentesi, sì che surga o che si mova
per salir sù; e tal grido seconda. 60

De la mondizia sol voler fa prova,
che, tutto libero a mutar convento,
l'alma sorprende, e di voler le giova. 63

Prima vuol ben, ma non lascia il talento
che divina giustizia, contra voglia,
come fu al peccar, pone al tormento. 66

E io, che son giaciuto a questa doglia
cinquecent'anni e più, pur mo sentii
libera volontà di miglior soglia: 69

però sentisti il tremoto e li pii
spiriti per lo monte render lode
a quel Segnor, che tosto sù li 'nvii". 72

Così ne disse; e però ch'el si gode
tanto del ber quant'è grande la sete,
non saprei dir quant'el mi fece prode. 75

Presentazione di Stazio

E 'l savio duca: "Omai veggio la rete
che qui vi 'mpiglia e come si scalappia,
perché ci trema e di che congaudete. 78

Ora chi fosti, piacciati ch'io sappia,
e perché tanti secoli giaciuto
qui se', ne le parole tue mi cappia". 81

"Nel tempo che 'l buon Tito, con l'aiuto
del sommo rege, vendicò le fóra
ond'uscì 'l sangue per Giuda venduto, 84

col nome che più dura e più onora
era io di là", rispuose quello spirto,
"famoso assai, ma non con fede ancora. 87

Tanto fu dolce mio vocale spirto,
che, tolosano, a sé mi trasse Roma,
dove mertai le tempie ornar di mirto. 90

Stazio la gente ancor di là mi noma:
cantai di Tebe, e poi del grande Achille;
ma caddi in via con la seconda soma. 93

Al mio ardor fuor seme le faville,
che mi scaldar, de la divina fiamma
onde sono allumati più di mille; 96

de l'Eneïda dico, la qual mamma
fummi, e fummi nutrice, poetando:
sanz'essa non fermai peso di dramma. 99

E per esser vivuto di là quando
visse Virgilio, assentirei un sole
più che non deggio al mio uscir di bando". 102

Volser Virgilio a me queste parole
con viso che, tacendo, disse 'Taci';

ma non può tutto la virtù che vuole; 105

ché riso e pianto son tanto seguaci
a la passion di che ciascun si spicca,
che men seguon voler ne' più veraci. 108

Io pur sorrisi come l'uom ch'ammicca;
per che l'ombra si tacque, e riguardommi
ne li occhi ove 'l sembiante più si ficca; 111

e "Se tanto labore in bene assommi",
disse, "perché la tua faccia testeso
un lampeggiar di riso dimostrommi?". 114

Or son io d'una parte e d'altra preso:
l'una mi fa tacer, l'altra scongiura
ch'io dica; ond'io sospiro, e sono inteso 117

dal mio maestro, e "Non aver paura",
mi dice, "di parlar; ma parla e digli
quel ch'e' dimanda con cotanta cura". 120

Ond'io: "Forse che tu ti maravigli,
antico spirto, del rider ch'io fei;
ma più d'ammirazion vo' che ti pigli. 123

Questi che guida in alto li occhi miei,
è quel Virgilio dal qual tu togliesti
forte a cantar de li uomini e d'i dèi. 126

Se cagion altra al mio rider credesti,
lasciala per non vera, ed esser credi
quelle parole che di lui dicesti". 129

Già s'inchinava ad abbracciar li piedi

al mio dottor, ma el li disse: "Frate,
non far, ché tu se' ombra e ombra vedi".　　　132

Ed ei surgendo: "Or puoi la quantitate
comprender de l'amor ch'a te mi scalda,
quand'io dismento nostra vanitate,　　　135

trattando l'ombre come cosa salda".

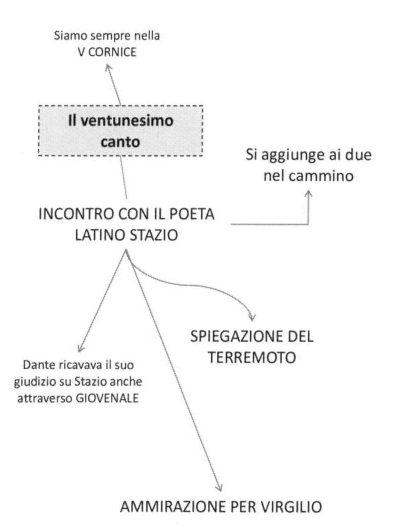

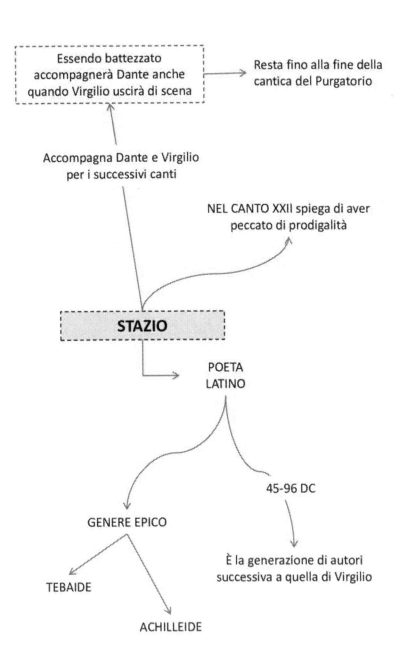

SCHEMATICAMENTE

IL VENTIDUESIMO CANTO DEL PURGATORIO

XXII CANTO

Gli uomini vengono affiancati dall'Angelo della giustizia, che li indirizza verso la scala che conduce alla VI Cornice, cancellando dalla fronte di dante una delle P che gli erano state incise all'entrata del Purgatorio e dopo aver dichiarato beati coloro che vogliono la giustizia.

I PECCATI DI STAZIO

Virgilio confessa a Stazio che era a conoscenza della stima che egli nutriva nei suoi confronti e che da quel momento venne ricambiata. A dirglielo era stato Giovenale, che scontava la sua pena nel Limbo insieme a Virgilio. Quest'ultimo chiede poi a Stazio di raccontagli come mai abbia peccato di avarizia. L'uomo dapprima ride, poi spiega che egli ha in realtà commesso il peccato opposto, quello di prodigalità. Poco dopo spiegherà di aver scontato la sua pena anche tra gli accidiosi.

LA CONVERSIONE DI STAZIO

Virgilio allora chiede il motivo della sua conversione al Cristianesimo, visto che nella Tebaide non ha mostrato la sua fede. Egli risponde che la sua conversione è merito di Virgilio, che lo ha indirizzato con i suoi versi alla poesia e alla fede in Dio. Venne battezzato e provò pena per i cristiani perseguitati, ma per timore non rivelò la sua CONVERSIONE e ciò gli valse quattro secoli nella IV Cornice.

I DANNATI DEL LIMBO

Stazio chiede a Virgilio notizie sugli altri poeti, come Terenzio, Cecilio Stazio, Plauto, Varrone. Virgilio risponde che si trovano tutti nel Limbo insieme a lui, in compagnia di Persio, Omero ma anche Euripide e molti altri poeti greci. Ci sono anche alcuni personaggi della sua Tebaide.

GLI ESEMPI DI TEMPERANZA

I due uomini continuano a parlare, mentre Dante li segue. Si ritrovano improvvisamente di fronte a un albero pieno di FRUTTI profumati, al quale si avvicinano ma una voce li ammonisce. La voce elenca esempi di temperanza, a partire da Maria, che durante le nozze di Cana pensò più a rendere gli onori che a mangiare, fino ad arrivare a Giovanni Battista che nel deserto si nutrì di sole locuste e miele.

CANTO XXII

Ingresso nella VI cornice

Già era l'angel dietro a noi rimaso,
l'angel che n'avea vòlti al sesto giro,
avendomi dal viso un colpo raso;   3

e quei c' hanno a giustizia lor disiro
detto n'avea beati, e le sue voci
con 'sitiunt', sanz'altro, ciò forniro.   6

E io più lieve che per l'altre foci
m'andava, sì che sanz'alcun labore
seguiva in sù li spiriti veloci;   9

quando Virgilio incominciò: "Amore,
acceso di virtù, sempre altro accese,
pur che la fiamma sua paresse fore;   12

onde da l'ora che tra noi discese
nel limbo de lo 'nferno Giovenale,
che la tua affezion mi fé palese,   15

mia benvoglienza inverso te fu quale
più strinse mai di non vista persona,
sì ch'or mi parran corte queste scale.   18

Ma dimmi, e come amico mi perdona
se troppa sicurtà m'allarga il freno,
e come amico omai meco ragiona: 21

I peccati di Stazio: la prodigalità

come poté trovar dentro al tuo seno
loco avarizia, tra cotanto senno
di quanto per tua cura fosti pieno?".   24

Queste parole Stazio mover fenno

un poco a riso pria; poscia rispuose:
"Ogne tuo dir d'amor m'è caro cenno.   27

Veramente più volte appaion cose
che danno a dubitar falsa matera
per le vere ragion che son nascose.   30

La tua dimanda tuo creder m'avvera
esser ch'i' fossi avaro in l'altra vita,
forse per quella cerchia dov'io era.   33

Or sappi ch'avarizia fu partita
troppo da me, e questa dismisura
migliaia di lunari hanno punita.   36

E se non fosse ch'io drizzai mia cura,
quand'io intesi là dove tu chiame,
crucciato quasi a l'umana natura: 39

'Per che non reggi tu, o sacra fame
de l'oro, l'appetito de' mortali?',
voltando sentirei le giostre grame.   42

Allor m'accorsi che troppo aprir l'ali
potean le mani a spendere, e pente' mi
così di quel come de li altri mali.   45

Quanti risurgeran coi crini scemi
per ignoranza, che di questa pecca
toglie 'l penter vivendo e ne li stremi!   48

E sappie che la colpa che rimbecca
per dritta opposizione alcun peccato,
con esso insieme qui suo verde secca;   51

però, s'io son tra quella gente stato
che piange l'avarizia, per purgarmi,
per lo contrario suo m'è incontrato". 54

Stazio e il cristianesimo

"Or quando tu cantasti le crude armi
de la doppia trestizia di Giocasta",
disse 'l cantor de' buccolici carmi, 57

"per quello che Clïò teco lì tasta,
non par che ti facesse ancor fedele
la fede, sanza qual ben far non basta. 60

Se così è, qual sole o quai candele
ti stenebraron sì, che tu drizzasti
poscia di retro al pescator le vele?". 63

Ed elli a lui: "Tu prima m'invïasti
verso Parnaso a ber ne le sue grotte,
e prima appresso Dio m'alluminasti. 66

Facesti come quei che va di notte,
che porta il lume dietro e sé non giova,
ma dopo sé fa le persone dotte, 69

quando dicesti: 'Secol si rinova;
torna giustizia e primo tempo umano,
e progenïe scende da ciel nova'. 72

Per te poeta fui, per te cristiano:
ma perché veggi mei ciò ch'io disegno,
a colorare stenderò la mano. 75

Già era 'l mondo tutto quanto pregno
de la vera credenza, seminata
per li messaggi de l'etterno regno; 78

e la parola tua sopra toccata
si consonava a' nuovi predicanti;
ond'io a visitarli presi usata.   81

Vennermi poi parendo tanto santi,
che, quando Domizian li perseguette,
sanza mio lagrimar non fur lor pianti;   84

e mentre che di là per me si stette,
io li sovvenni, e i lor dritti costumi
fer dispregiare a me tutte altre sette.   87

E pria ch'io conducessi i Greci a' fiumi
di Tebe poetando, ebb'io battesmo;
ma per paura chiuso cristian fu' mi,   90

lungamente mostrando paganesmo;
e questa tepidezza il quarto cerchio
cerchiar mi fé più che 'l quarto centesmo.   93

Tu dunque, che levato hai il coperchio
che m'ascondeva quanto bene io dico,
mentre che del salire avem soverchio,   96

dimmi dov'è Terrenzio nostro antico,
Cecilio e Plauto e Varro, se lo sai:
dimmi se son dannati, e in qual vico".   99

"Costoro e Persio e io e altri assai",
rispuose il duca mio, "siam con quel Greco
che le Muse lattar più ch'altri mai,   102

nel primo cinghio del carcere cieco;
spesse fïate ragioniam del monte

che sempre ha le nutrice nostre seco. 105

Euripide v'è nosco e Antifonte,
Simonide, Agatone e altri piùe
Greci che già di lauro ornar la fronte. 108

Quivi si veggion de le genti tue
Antigone, Deïfile e Argia,
e Ismene sì trista come fue. 111

Védeisi quella che mostrò Langia;
èvvi la figlia di Tiresia, e Teti,
e con le suore sue Deïdamia". 114

Esempi di temperanza

Tacevansi ambedue già li poeti,
di novo attenti a riguardar dintorno,
liberi da saliri e da pareti; 117

e già le quattro ancelle eran del giorno
rimase a dietro, e la quinta era al temo,
drizzando pur in sù l'ardente corno, 120

quando il mio duca: "Io credo ch'a lo stremo
le destre spalle volger ne convegna,
girando il monte come far solemo". 123

Così l'usanza fu lì nostra insegna,
e prendemmo la via con men sospetto
per l'assentir di quell'anima degna. 126

Elli givan dinanzi, e io soletto
di retro, e ascoltava i lor sermoni,
ch'a poetar mi davano intelletto. 129

Ma tosto ruppe le dolci ragioni

un alber che trovammo in mezza strada,
con pomi a odorar soavi e buoni;   132

e come abete in alto si digrada
di ramo in ramo, così quello in giuso,
cred'io, perché persona sù non vada.   135

Dal lato onde 'l cammin nostro era chiuso,
cadea de l'alta roccia un liquor chiaro
e si spandeva per le foglie suso.   138

Li due poeti a l'alber s'appressaro;
e una voce per entro le fronde
gridò: "Di questo cibo avrete caro".   141

Poi disse: "Più pensava Maria onde
fosser le nozze orrevoli e intere,
ch'a la sua bocca, ch'or per voi risponde.   144

E le Romane antiche, per lor bere,
contente furon d'acqua; e Danïello
dispregiò cibo e acquistò savere.   147

Lo secol primo, quant'oro fu bello,
fé savorose con fame le ghiande,
e nettare con sete ogne ruscello.   150

Mele e locuste furon le vivande
che nodriro il Batista nel diserto;
per ch'elli è glorïoso e tanto grande   153

quanto per lo Vangelio v'è aperto".

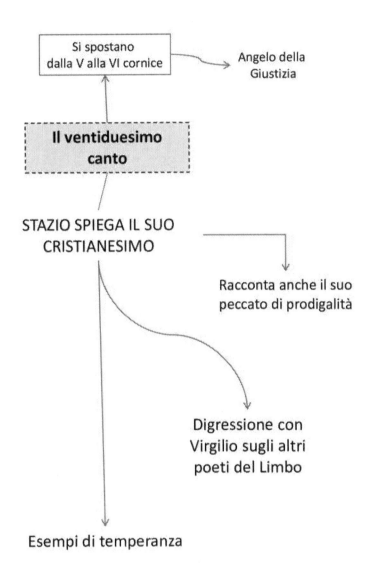

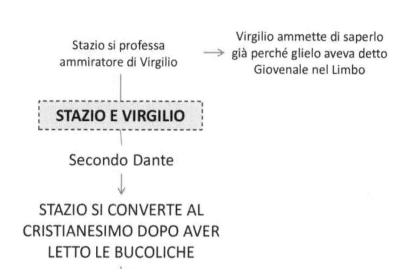

Stazio si professa ammiratore di Virgilio → Virgilio ammette di saperlo già perché glielo aveva detto Giovenale nel Limbo

STAZIO E VIRGILIO

Secondo Dante

STAZIO SI CONVERTE AL CRISTIANESIMO DOPO AVER LETTO LE BUCOLICHE

quando dicesti: 'Secol si rinova;
torna giustizia e primo tempo umano,
e progenie scende da ciel nova'.

Per te poeta fui, per te cristiano:

```
┌─────────────────────┐
│     PERSONAGGI      │
│   (oltre Stazio)    │
└─────────────────────┘

                              Terenzio
                              Cecilio Stazio
┌─────────────────────┐ ↗     Plauto
│  I POETI LATINI E   │      Varrone
│  GRECI NEL LIMBO    │
└─────────────────────┘      Persio
                              Omero
                         ↘   Euripide
                              Antifonte
                              Simonide
┌─────────────────────┐      Agatone
│       MARIA         │
│  Alle nozze di Cana │
└─────────────────────┘
         ↑
┌─────────────────────┐      ┌─────────────────────┐
│   GLI ESEMPI DI     │ ───→ │    LE DONNE         │
│    TEMPERANZA       │      │    DELL'ANTICA      │
└─────────────────────┘      │       ROMA          │
                              └─────────────────────┘
┌─────────────────────┐        che bevevano solo acqua
│   L'ETÀ DELL'ORO    │
└─────────────────────┘
         ┌─────────────────────┐
         │  IL PROFETA DANIELE │
         └─────────────────────┘

                                che scambiò il cibo con la
                                         sapienza
in cui si cibava di cose
semplici e si beveva acqua
```

SCHEMATICAMENTE

IL VENTITREESIMO CANTO DEL PURGATORIO

XXIII CANTO

I tre uomini si trovano ancora davanti all'albero della TEMPERANZA, quando Virgilio li invita a proseguire e si sentono anime che intonano il Salmo Labia Mea, Domine.

I GOLOSI

Le anime che intonano il Salmo sono quelle dei golosi. Hanno gli occhi incavati con le occhiaie e sono talmente magri che la pelle aderisce al cranio, tanto che nel loro volto sembra leggersi la scritta OMO. Questa è la conseguenza per chi non resiste ai profumati frutti offerti dall'albero, e adesso si ritrovano a dover patire la fame e la sete davanti ai suoi frutti. Dante si ferma a osservarli, fino al momento in cui un'anima si ferma perché lo riconosce.

FORESE DONATI

Dante lo riconosce subito, si tratta del suo amico poeta Forese Donati e vederlo in quelle condizioni gli provoca lo stesso dispiacere che gli provocò la sua morte. Dante gli chiede il motivo di tanta magrezza e l'amico risponde che l'ALBERO dai frutti profumati e l'acqua che sgorga dalla roccia sono il motivo di tale sofferenza, che li induce a desiderare la crocifissione come quella di Cristo e a girare intorno alla cornice.

CRITICA ALLE DONNE FIORENTINE

Dante chiede all'amico come mai non sia stato mandato nell'Antipurgatorio, dal momento in cui si pentì in punto di morte. L'amico spiega che è stato possibile grazie a sua moglie Nella, che ha pregato per lui, e perché lei è l'unica a Firenze a operare in modo giusto. Le donne fiorentine sono di facili costumi, peggiori delle donne sarde della Barbagia (le quali portavano degli abiti tradizionali che includevano un corpetto che metteva in risalto il seno).

Forese prevede che di lì a poco avrebbero fatto una legge per vietare di girare a Firenze con il seno scoperto, poi predice che su di loro si abbatterà un grave castigo nel giro dei prossimi anni.

Infine, Dante presenta STAZIO a FORESE DONATI, poi spiega che è lui ad aver provocato il terremoto, avendo espiato la sua pena.

CANTO XXIII

I golosi penitenti

Mentre che li occhi per la fronda verde
ficcava ïo sì come far suole
chi dietro a li uccellin sua vita perde, 3

lo più che padre mi dicea: "Figliuole,
vienne oramai, ché 'l tempo che n'è imposto
più utilmente compartir si vuole". 6

Io volsi 'l viso, e 'l passo non men tosto,
appresso i savi, che parlavan sìe,
che l'andar mi facean di nullo costo. 9

Ed ecco piangere e cantar s'udìe
'Labïa mëa, Domine' per modo
tal, che diletto e doglia parturìe. 12

"O dolce padre, che è quel ch'i' odo?",
comincia' io; ed elli: "Ombre che vanno
forse di lor dover solvendo il nodo". 15

Sì come i peregrin pensosi fanno,
giugnendo per cammin gente non nota,
che si volgono ad essa e non restanno, 18

così di retro a noi, più tosto mota,
venendo e trapassando ci ammirava
d'anime turba tacita e devota. 21

Ne li occhi era ciascuna oscura e cava,
palida ne la faccia, e tanto scema
che da l'ossa la pelle s'informava. 24

Non credo che così a buccia strema
Erisittone fosse fatto secco,
per digiunar, quando più n'ebbe tema.   27

Io dicea fra me stesso pensando: 'Ecco
la gente che perdé Ierusalemme,
quando Maria nel figlio diè di becco!'.   30

Parean l'occhiaie anella sanza gemme:
chi nel viso de li uomini legge 'omo'
ben avria quivi conosciuta l'emme.   33

Chi crederebbe che l'odor d'un pomo
sì governasse, generando brama,
e quel d'un'acqua, non sappiendo como?   36

Forese Donati

Già era in ammirar che sì li affama,
per la cagione ancor non manifesta
di lor magrezza e di lor trista squama,   39

ed ecco del profondo de la testa
volse a me li occhi un'ombra e guardò fiso;
poi gridò forte: "Qual grazia m'è questa?".   42

Mai non l'avrei riconosciuto al viso;
ma ne la voce sua mi fu palese
ciò che l'aspetto in sé avea conquiso.   45

Questa favilla tutta mi raccese
mia conoscenza a la cangiata labbia,
e ravvisai la faccia di Forese.   48

"Deh, non contendere a l'asciutta scabbia
che mi scolora", pregava, "la pelle,
né a difetto di carne ch'io abbia;   51

ma dimmi il ver di te, dì chi son quelle
due anime che là ti fanno scorta;
non rimaner che tu non mi favelle!".　　54

"La faccia tua, ch'io lagrimai già morta,
mi dà di pianger mo non minor doglia",
rispuos'io lui, "veggendola sì torta.　　57

Però mi dì, per Dio, che sì vi sfoglia;
non mi far dir mentr'io mi maraviglio,
ché mal può dir chi è pien d'altra voglia".　　60

Ed elli a me: "De l'etterno consiglio
cade vertù ne l'acqua e ne la pianta
rimasa dietro, ond'io sì m'assottiglio.　　63

Tutta esta gente che piangendo canta
per seguitar la gola oltra misura,
in fame e 'n sete qui si rifà santa.　　66

Di bere e di mangiar n'accende cura
l'odor ch'esce del pomo e de lo sprazzo
che si distende su per sua verdura.　　69

E non pur una volta, questo spazzo
girando, si rinfresca nostra pena:
io dico pena, e dovria dir sollazzo,　　72

ché quella voglia a li alberi ci mena
che menò Cristo lieto a dire 'Elì',
quando ne liberò con la sua vena".　　75

E io a lui: "Forese, da quel dì
nel qual mutasti mondo a miglior vita,
cinqu'anni non son vòlti infino a qui.　　78

Se prima fu la possa in te finita
di peccar più, che sovvenisse l'ora
del buon dolor ch'a Dio ne rimarita,   81

come se' tu qua sù venuto ancora?
Io ti credea trovar là giù di sotto,
dove tempo per tempo si ristora".   84

Ond'elli a me: "Sì tosto m' ha condotto
a ber lo dolce assenzo d'i martìri
la Nella mia con suo pianger dirotto.   87

Con suoi prieghi devoti e con sospiri
tratto m' ha de la costa ove s'aspetta,
e liberato m' ha de li altri giri.   90

Elogio alla moglie Nella

Tanto è a Dio più cara e più diletta
la vedovella mia, che molto amai,
quanto in bene operare è più soletta;   93

ché la Barbagia di Sardigna assai
ne le femmine sue più è pudica
che la Barbagia dov'io la lasciai.   96

Critica alle donne fiorentine

O dolce frate, che vuo' tu ch'io dica?
Tempo futuro m'è già nel cospetto,
cui non sarà quest'ora molto antica,   99

nel qual sarà in pergamo interdetto
a le sfacciate donne fiorentine
l'andar mostrando con le poppe il petto.   102

Quai barbare fuor mai, quai saracine,
cui bisognasse, per farle ir coperte,
o spiritali o altre discipline?   105

Ma se le svergognate fosser certe
di quel che 'l ciel veloce loro ammanna,
già per urlare avrian le bocche aperte;   108

ché, se l'antiveder qui non m'inganna,
prima fien triste che le guance impeli
colui che mo si consola con nanna.   111

Deh, frate, or fa che più non mi ti celi!
vedi che non pur io, ma questa gente
tutta rimira là dove 'l sol veli".   114

Per ch'io a lui: "Se tu riduci a mente
qual fosti meco, e qual io teco fui,
ancor fia grave il memorar presente.   117

Di quella vita mi volse costui
che mi va innanzi, l'altr'ier, quando tonda
vi si mostrò la suora di colui",   120

e 'l sol mostrai; "costui per la profonda
notte menato m' ha d'i veri morti
con questa vera carne che 'l seconda.   123

Indi m' han tratto sù li suoi conforti,
salendo e rigirando la montagna
che drizza voi che 'l mondo fece torti.   126

Tanto dice di farmi sua compagna
che io sarò là dove fia Beatrice;
quivi convien che sanza lui rimagna.   129

Virgilio è questi che così mi dice",
e addita' lo; "e quest'altro è quell'ombra
per cuï scosse dianzi ogne pendice   132

lo vostro regno, che da sé lo sgombra".

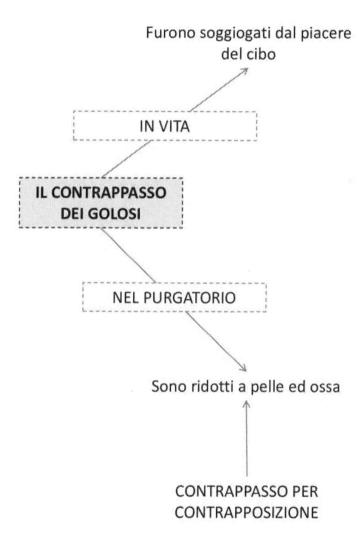

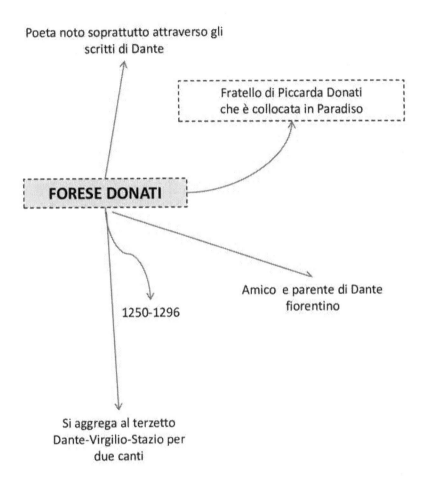

SCHEMATICAMENTE

IL VENTIQUATTRESIMO CANTO DEL PURGATORIO

XXIV CANTO

I quattro uomini procedono nella IV Cornice, Virgilio parla con Stazio mentre Dante parla con Forese Donati.

Dante chiede a FORESE DONATI dove sia sua sorella PICCARDA. L'amico lo tranquillizza, dicendo che si trova tra i beati in Paradiso. Poi indica alcune delle anime che lui non avrebbe riconosciuto, come Bonagiunta da Lucca, Martino IV di Tours, Ubaldino della Pila, Bonifacio Fieschi e Marchese degli Argugliosi.

BONAGIUNTA ORBICCIANI PREDICE L'ESILIO DI DANTE

Tra le anime elencate da FORESE DONATI, quella più desiderosa di parlare sembra essere BONAGIUNTA ORBICCIANI, poeta esponente della scuola toscana. Egli predice l'ESILIO A DANTE, poi gli chiede se è lui il poeta che canta Donne ch'avete intelletto d'amore. Dante risponde che egli è un poeta e segue il suo cuore. ORBICCIANI apprende che si tratta del Dolce Stil Novo, dai canoni diversi da quelli della scuola toscana.

PROFEZIA DELLA MORTE DI CORSO DONATI

Dante prosegue insieme a Forese Donati, che si attarda nonostante le altre anime lo abbiano superato. Chiede a Dante quando si rivedranno ed egli afferma di non conoscere la data della propria morte, ma di essere sicuro di voler abbandonare i beni terreni e Firenze. L'Amico allora afferma che mancano pochi anni alla morte di Corso Donati, principale responsabile della situazione, e che egli finisca all'inferno. Forese decide poi di proseguire per non perdere altro TEMPO.

IL SECONDO ALBERO

Dante si unisce a Stazio e a Virgilio e insieme proseguono. Dante segue Forese con lo sguardo, finché scorge un secondo albero pieno di frutti circondato dai golosi che alzano le mani verso i suoi rami, ingolositi. Appena si avvicinano, una voce dice loro che quello è l'albero dell'Eden, il cui frutto è stato morso da Eva e li invita ad andarsene. La voce prosegue facendo esempi di GOLA punita.

L'ANGELO DELLA TEMPERANZA

Superato l'albero, una voce chiede loro cosa pensano. È l'angelo della temperanza, che invita i tre uomini a salire nella cornice successiva. Dante sente di essere pervaso da una brezza data dal battito di ali, che cancella dalla sua fronte un'altra P. L'angelo dichiara beati coloro che non sono inclini alla gola.

CANTO XXIV

Discorso su Piaccarda Donati

Né 'l dir l'andar, né l'andar lui più lento
facea, ma ragionando andavam forte,
sì come nave pinta da buon vento;   3

e l'ombre, che parean cose rimorte,
per le fosse de li occhi ammirazione
traean di me, di mio vivere accorte.   6

E io, continüando al mio sermone,
dissi: "Ella sen va sù forse più tarda
che non farebbe, per altrui cagione.   9

Ma dimmi, se tu sai, dov'è Piccarda;
dimmi s'io veggio da notar persona
tra questa gente che sì mi riguarda".   12

"La mia sorella, che tra bella e buona
non so qual fosse più, trïunfa lieta
ne l'alto Olimpo già di sua corona".   15

Sì disse prima; e poi: "Qui non si vieta
di nominar ciascun, da ch'è sì munta
nostra sembianza via per la dïeta.   18

Tra i golosi penitenti

Questi", e mostrò col dito, "è Bonagiunta,
Bonagiunta da Lucca; e quella faccia
di là da lui più che l'altre trapunta   21

ebbe la Santa Chiesa in le sue braccia:
dal Torso fu, e purga per digiuno
l'anguille di Bolsena e la vernaccia".   24

Molti altri mi nomò ad uno ad uno;

e del nomar parean tutti contenti,
sì ch'io però non vidi un atto bruno. 27

Vidi per fame a vòto usar li denti
Ubaldin da la Pila e Bonifazio
che pasturò col rocco molte genti. 30

Vidi messer Marchese, ch'ebbe spazio
già di bere a Forlì con men secchezza,
e sì fu tal, che non si sentì sazio. 33

Ma come fa chi guarda e poi s'apprezza
più d'un che d'altro, fei a quel da Lucca,
che più parea di me aver contezza. 36

El mormorava; e non so che "Gentucca"
sentiv'io là, ov'el sentia la piaga
de la giustizia che sì li pilucca. 39

Dialogo con Bonagiunta Orbicciani

"O anima", diss'io, "che par sì vaga
di parlar meco, fa sì ch'io t'intenda,
e te e me col tuo parlare appaga". 42

"Femmina è nata, e non porta ancor benda",
cominciò el, "che ti farà piacere
la mia città, come ch'om la riprenda. 45

Tu te n'andrai con questo antivedere:
se nel mio mormorar prendesti errore,
dichiareranti ancor le cose vere. 48

Ma dì s'i' veggio qui colui che fore
trasse le nove rime, cominciando
'Donne ch'avete intelletto d'amore' ". 51

E io a lui: "I' mi son un che, quando
Amor mi spira, noto, e a quel modo
ch'e' ditta dentro vo significando".   54

"O frate, issa vegg'io", diss'elli, "il nodo
che 'l Notaro e Guittone e me ritenne
di qua dal dolce stil novo ch'i' odo!   57

Io veggio ben come le vostre penne
di retro al dittator sen vanno strette,
che de le nostre certo non avvenne;   60

e qual più a gradire oltre si mette,
non vede più da l'uno a l'altro stilo";
e, quasi contentato, si tacette.   63

Come li augei che vernan lungo 'l Nilo,
alcuna volta in aere fanno schiera,
poi volan più a fretta e vanno in filo,   66

così tutta la gente che lì era,
volgendo 'l viso, raffrettò suo passo,
e per magrezza e per voler leggera.   69

E come l'uom che di trottare è lasso,
lascia andar li compagni, e sì passeggia
fin che si sfoghi l'affollar del casso,   72

sì lasciò trapassar la santa greggia
Forese, e dietro meco sen veniva,
dicendo: "Quando fia ch'io ti riveggia?".   75

"Non so", rispuos'io lui, "quant'io mi viva;
ma già non fia il tornar mio tantosto,
ch'io non sia col voler prima a la riva;   78

però che 'l loco u' fui a viver posto,
di giorno in giorno più di ben si spolpa,
e a trista ruina par disposto". 81

"Or va", diss'el; "che quei che più n' ha colpa,
vegg'ïo a coda d'una bestia tratto
inver' la valle ove mai non si scolpa. 84

La bestia ad ogne passo va più ratto,
crescendo sempre, fin ch'ella il percuote,
e lascia il corpo vilmente disfatto. 87

Non hanno molto a volger quelle ruote",
e drizzò li occhi al ciel, "che ti fia chiaro
ciò che 'l mio dir più dichiarar non puote. 90

Tu ti rimani omai; ché 'l tempo è caro
in questo regno, sì ch'io perdo troppo
venendo teco sì a paro a paro". 93

Qual esce alcuna volta di gualoppo
lo cavalier di schiera che cavalchi,
e va per farsi onor del primo intoppo, 96

tal si partì da noi con maggior valchi;
e io rimasi in via con esso i due
che fuor del mondo sì gran marescalchi. 99

Il secondo albero

E quando innanzi a noi intrato fue,
che li occhi miei si fero a lui seguaci,
come la mente a le parole sue, 102

parvermi i rami gravidi e vivaci
d'un altro pomo, e non molto lontani

per esser pur allora vòlto in laci. 105

Vidi gente sott'esso alzar le mani
e gridar non so che verso le fronde,
quasi bramosi fantolini e vani 108

che pregano, e 'l pregato non risponde,
ma, per fare esser ben la voglia acuta,
tien alto lor disio e nol nasconde. 111

Poi si partì sì come ricreduta;
e noi venimmo al grande arbore adesso,
che tanti prieghi e lagrime rifiuta. 114

"Trapassate oltre sanza farvi presso:
legno è più sù che fu morso da Eva,
e questa pianta si levò da esso". 117

Sì tra le frasche non so chi diceva;
per che **Virgilio** e Stazio e io, ristretti,
oltre andavam dal lato che si leva. 120

La gola punita

"Ricordivi", dicea, "d'i maladetti
nei nuvoli formati, che, satolli,
Tesëo combatter co' doppi petti; 123

e de li Ebrei ch'al ber si mostrar molli,
per che no i volle Gedeon compagni,
quando inver' Madïan discese i colli". 126

Sì accostati a l'un d'i due vivagni
passammo, udendo colpe de la gola
seguite già da miseri guadagni. 129

Poi, rallargati per la strada sola,

ben mille passi e più ci portar oltre,
contemplando ciascun sanza parola. 132

L'Angelo della Temperanza

"Che andate pensando sì voi sol tre?",
sùbita voce disse; ond'io mi scossi
come fan bestie spaventate e poltre. 135

Drizzai la testa per veder chi fossi;
e già mai non si videro in fornace
vetri o metalli sì lucenti e rossi, 138

com'io vidi un che dicea: "S'a voi piace
montare in sù, qui si convien dar volta;
quinci si va chi vuole andar per pace". 141

L'aspetto suo m'avea la vista tolta;
per ch'io mi volsi dietro a' miei dottori,
com'om che va secondo ch'elli ascolta. 144

E quale, annunziatrice de li albori,
l'aura di maggio movesi e olezza,
tutta impregnata da l'erba e da' fiori; 147

tal mi senti' un vento dar per mezza
la fronte, e ben senti' mover la piuma,
che fé sentir d'ambrosïa l'orezza. 150

E senti' dir: "Beati cui alluma
tanto di grazia, che l'amor del gusto
nel petto lor troppo disir non fuma, 153

esurïendo sempre quanto è giusto!".

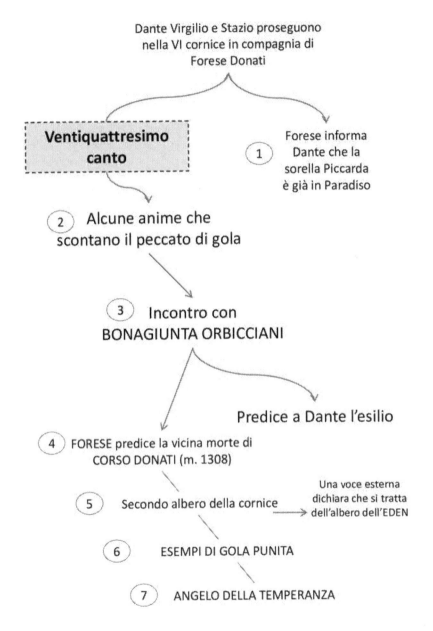

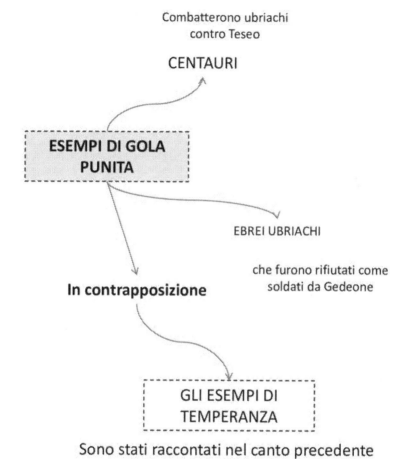

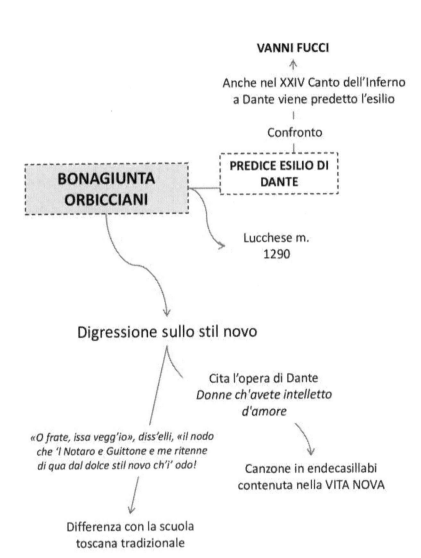

SCHEMATICAMENTE

IL VENTICINQUESIMO CANTO DEL PURGATORIO

XXV CANTO

I tre poeti percorrono la scala che li porterà alla VII Cornice. Dante ha un dubbio che non esprime, ma Virgilio se ne accorge e lo invita a porre la domanda. Dante afferma di non aver capito come sia possibile il dimagrimento delle anime. Virgilio rimanda la spiegazione a Stazio.

LA GENERAZIONE DELL'ANIMA

Stazio accetta l'invito a parlare solo perché gli è stato rivolto da Virgilio. Spiega che nel corpo paterno esiste un sangue puro che non rimane in circolo, ma scende fino ai genitali maschili per poi unirsi al sangue femminile nell'utero. Qui si uniscono, dando vita alla materia che ha inizialmente l'anima di una pianta e che si sviluppa nel grembo materno. L'anima diventa da vegetativa a intellettiva per mano di Dio, che mette nel cervello l'anima razionale, che contiene insieme le tre virtù: vegetativa, sensibile, intellettiva).

IL CORPO DELLE ANIME

Stazio prosegue spiegando che dopo la morte l'anima si separa dal corpo portando via la virtù vegetativa e sensibile ma non quella intellettiva, che si sviluppa maggiormente. Appena l'anima si stacca dal corpo si ritrova sulle rive del Tevere o dell'Acheronte in base alla sua condotta in vita, e qui l'aria si imprime sul corpo dando vita a una nuova forma, che acquista anche tutti i sensi. Questo è il motivo per cui le anime golose hanno un corpo e soffrono la fame.

ESEMPI DI CASTITÀ

I poeti giungono verso la VII Cornice e si accorgono che nel bordo di essa si ergono delle fiamme. I tre sono dunque costretti a camminare nel lato esterno, fino a quando sentono cantare il Summae Deus clementiae. Si tratta dei LUSSURIOSI, costretti a camminare tra le fiamme mentre recitano ESEMPI DI CASTITÀ, come quello di Maria, di Diana che respinse Callisto e di tutti quei mariti e mogli che vissero con castità. Questa è la loro pena per aver peccato in vita.

CANTO XXV

Salita alla VII Cornice

Ora era onde 'l salir non volea storpio;
ché 'l sole avëa il cerchio di merigge
lasciato al Tauro e la notte a lo Scorpio: 3

per che, come fa l'uom che non s'affigge
ma vassi a la via sua, che che li appaia,
se di bisogno stimolo il trafigge, 6

così intrammo noi per la callaia,
uno innanzi altro prendendo la scala
che per artezza i salitor dispaia. 9

E quale il cicognin che leva l'ala
per voglia di volare, e non s'attenta
d'abbandonar lo nido, e giù la cala; 12

tal era io con voglia accesa e spenta
di dimandar, venendo infino a l'atto
che fa colui ch'a dicer s'argomenta. 15

Discorso tra Dante e Virgilio sull'anima

Non lasciò, per l'andar che fosse ratto,
lo dolce padre mio, ma disse: "Scocca
l'arco del dir, che 'nfino al ferro hai tratto". 18

Allor sicuramente apri' la bocca
e cominciai: "Come si può far magro
là dove l'uopo di nodrir non tocca?". 21

"Se t'ammentassi come Meleagro
si consumò al consumar d'uno stizzo,
non fora", disse, "a te questo sì agro; 24

e se pensassi come, al vostro guizzo,

guizza dentro a lo specchio vostra image,
ciò che par duro ti parrebbe vizzo. 27

Ma perché dentro a tuo voler t'adage,
ecco qui Stazio; e io lui chiamo e prego
che sia or sanator de le tue piage". 30

La spiegazione di Stazio

"Se la veduta etterna li dislego",
rispuose Stazio, "là dove tu sie,
discolpi me non potert'io far nego". 33

Poi cominciò: "Se le parole mie,
figlio, la mente tua guarda e riceve,
lume ti fiero al come che tu die. 36

Sangue perfetto, che poi non si beve
da l'assetate vene, e si rimane
quasi alimento che di mensa leve, 39

prende nel core a tutte membra umane
virtute informativa, come quello
ch'a farsi quelle per le vene vane. 42

Ancor digesto, scende ov'è più bello
tacer che dire; e quindi poscia geme
sovr'altrui sangue in natural vasello. 45

Ivi s'accoglie l'uno e l'altro insieme,
l'un disposto a patire, e l'altro a fare
per lo perfetto loco onde si preme; 48

e, giunto lui, comincia ad operare
coagulando prima, e poi avviva
ciò che per sua matera fé constare. 51

Anima fatta la virtute attiva
qual d'una pianta, in tanto differente,
che questa è in via e quella è già a riva,   54

tanto ovra poi, che già si move e sente,
come spungo marino; e indi imprende
ad organar le posse ond'è semente.   57

Or si spiega, figliuolo, or si distende
la virtù ch'è dal cor del generante,
dove natura a tutte membra intende.   60

Ma come d'animal divegna fante,
non vedi tu ancor: quest'è tal punto,
che più savio di te fé già errante,   63

sì che per sua dottrina fé disgiunto
da l'anima il possibile intelletto,
perché da lui non vide organo assunto.   66

Apri a la verità che viene il petto;
e sappi che, sì tosto come al feto
l'articular del cerebro è perfetto,   69

lo motor primo a lui si volge lieto
sovra tant'arte di natura, e spira
spirito novo, di vertù repleto,   72

che ciò che trova attivo quivi, tira
in sua sustanzia, e fassi un'alma sola,
che vive e sente e sé in sé rigira.   75

E perché meno ammiri la parola,
guarda il calor del sol che si fa vino,
giunto a l'omor che de la vite cola.   78

Quando Làchesis non ha più del lino,
solvesi da la carne, e in virtute
ne porta seco e l'umano e 'l divino:					81

l'altre potenze tutte quante mute;
memoria, intelligenza e volontade
in atto molto più che prima agute.					84

Sanza restarsi, per sé stessa cade
mirabilmente a l'una de le rive;
quivi conosce prima le sue strade.					87

Tosto che loco lì la circunscrive,
la virtù formativa raggia intorno
così e quanto ne le membra vive.					90

E come l'aere, quand'è ben pïorno,
per l'altrui raggio che 'n sé si reflette,
di diversi color diventa addorno;					93

così l'aere vicin quivi si mette
e in quella forma ch'è in lui suggella
virtüalmente l'alma che ristette;					96

e simigliante poi a la fiammella
che segue il foco là 'vunque si muta,
segue lo spirto sua forma novella.					99

Però che quindi ha poscia sua paruta,
è chiamata ombra; e quindi organa poi
ciascun sentire infino a la veduta.					102

Quindi parliamo e quindi ridiam noi;
quindi facciam le lagrime e ' sospiri

che per lo monte aver sentiti puoi.

Secondo che ci affliggono i disiri
e li altri affetti, l'ombra si figura;
e quest'è la cagion di che tu miri".

Nella VII Cornice

E già venuto a l'ultima tortura
s'era per noi, e vòlto a la man destra,
ed eravamo attenti ad altra cura.

Quivi la ripa fiamma in fuor balestra,
e la cornice spira fiato in suso
che la reflette e via da lei sequestra;

ond'ir ne convenia dal lato schiuso
ad uno ad uno; e io temëa 'l foco
quinci, e quindi temeva cader giuso.

Lo duca mio dicea: "Per questo loco
si vuol tenere a li occhi stretto il freno,
però ch'errar potrebbesi per poco".

'Summae Deus clementïae' nel seno
al grande ardore allora udi' cantando,
che di volger mi fé caler non meno;

e vidi spirti per la fiamma andando;
per ch'io guardava a loro e a' miei passi,
compartendo la vista a quando a quando.

Esempi di castità

Appresso il fine ch'a quell'inno fassi,
gridavano alto: 'Virum non cognosco';
indi ricominciavan l'inno bassi.

Finitolo, anco gridavano: "Al bosco

si tenne Diana, ed Elice caccionne
che di Venere avea sentito il tòsco".   132

Indi al cantar tornavano; indi donne
gridavano e mariti che fuor casti
come virtute e matrimonio imponne.   135

E questo modo credo che lor basti
per tutto il tempo che 'l foco li abbruscia:
con tal cura conviene e con tai pasti   138

che la piaga da sezzo si ricuscia.

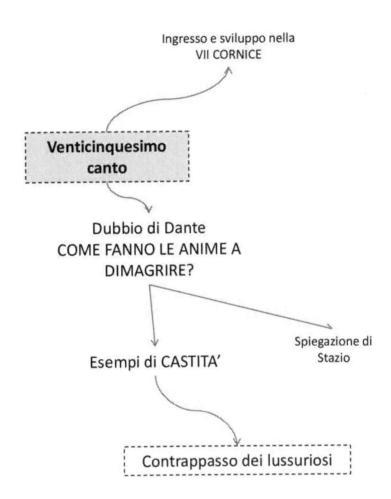

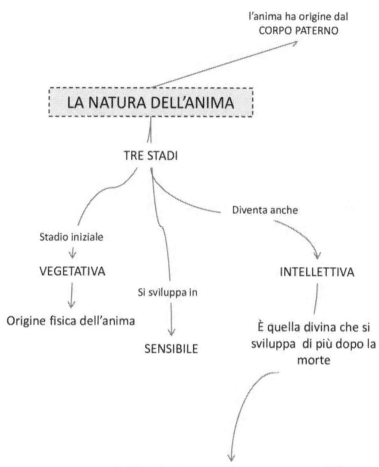

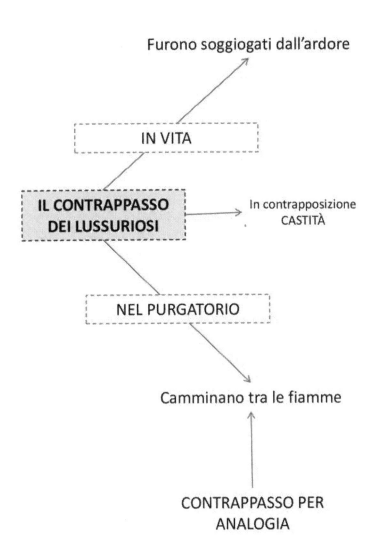

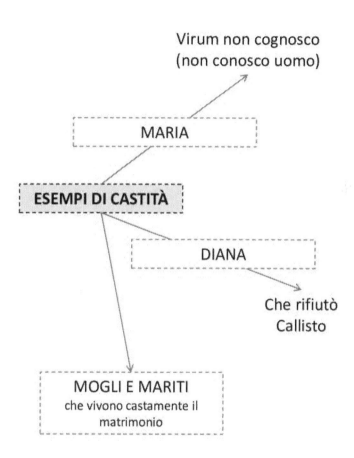

SCHEMATICAMENTE

IL VENTISEIESIMO CANTO DEL PURGATORIO

XXVI CANTO

I tre poeti proseguono nella VII Cornice; Virgilio mette in guardia Dante sulla difficoltà del percorso. Egli si volta e nota che la sua ombra ha acceso ancora di più il colore delle fiamme e questo incuriosisce i penitenti, che si accorgono che lui è ancora vivo e si avvicinano. Un'anima gli chiede il motivo della sua condizione.

I LUSSURIOSI

Dante si accinge a rispondere, quando vede un altro muro di fiamme provenire dalla parte opposta, in cui vi sono altre anime. Le anime nelle due file separate si baciano reciprocamente senza fermarsi, come fanno le formiche. Quando si separano emettono dei forti lamenti e i nuovi arrivati esclamano "Sodoma e Gomorra!", quindi poi procedono in direzioni opposte cantando l'inno e gli ESEMPI DI CASTITÀ. Le prime anime si avvicinano a Dante in attesa della risposta alla domanda che gli hanno fatto; egli spiega la sua condizione, poi un'anima gli spiega il motivo delle due schiere di penitenti. Quelli che cantano l'esempio di Sodoma sono colpevoli della lussuria contro natura, mentre gli altri si sono abbandonati alla lussuria secondo natura, ma in maniera eccessiva.

GUIDO GUINIZELLI

L'anima che parla con Dante è quella di GUIDO GUINIZELLI. Appena Dante sente il suo nome vorrebbe buttarsi nelle fiamme per abbracciarlo, tanta è l'ammirazione che prova. Dante elogia GUINIZELLI asserendo che egli ha lasciato in lui un ricordo indelebile, e spiega, sotto richiesta il motivo di tanta stima sotto richiesta del compagno, stupito. Dante spiega che lo ammira per le sue poesie e per l'utilizzo del volgare. Guido indica un'altra anima, quella di Arnault Daniel, che avrebbe scritto versi migliori dei suoi anche se gli stolti preferiscono quelli di De Bornelh. Prima di congedarsi, GUINIZELLI chiede a Dante di pregare per lui davanti a DIO.

ARNAULT DANIEL

Dante si avvicina al penitente indicato da GUIDO GUINIZELLI e gli chiede il suo nome. Egli si presenta in lingua d'oc, asserendo che si pente dei suoi peccati d'amore e che spera di ottenerne quanto prima possibile l'espiazione. L'anima infine prega Dante di ricordarsi di lui una volta tornato sulla terra, prima di sparire nuovamente nel fuoco.

CANTO XXVI

I lussuriosi si accorgono di Dante

Mentre che sì per l'orlo, uno innanzi altro,
ce n'andavamo, e spesso il buon maestro
diceami: "Guarda: giovi ch'io ti scaltro";   3

feriami il sole in su l'omero destro,
che già, raggiando, tutto l'occidente
mutava in bianco aspetto di cilestro;   6

e io facea con l'ombra più rovente
parer la fiamma; e pur a tanto indizio
vidi molt'ombre, andando, poner mente.   9

Questa fu la cagion che diede inizio
loro a parlar di me; e cominciarsi
a dir: "Colui non par corpo fittizio";   12

poi verso me, quanto potëan farsi,
certi si fero, sempre con riguardo
di non uscir dove non fosser arsi.   15

"O tu che vai, non per esser più tardo,
ma forse reverente, a li altri dopo,
rispondi a me che 'n sete e 'n foco ardo.   18

Né solo a me la tua risposta è uopo;
ché tutti questi n' hanno maggior sete
che d'acqua fredda Indo o Etïopo.   21

Dinne com'è che fai di te parete
al sol, pur come tu non fossi ancora
di morte intrato dentro da la rete".   24

Sì mi parlava un d'essi; e io mi fora

già manifesto, s'io non fossi atteso
ad altra novità ch'apparve allora; 27

ché per lo mezzo del cammino acceso
venne gente col viso incontro a questa,
la qual mi fece a rimirar sospeso. 30

La pena dei lussuriosi

Lì veggio d'ogne parte farsi presta
ciascun'ombra e basciarsi una con una
sanza restar, contente a brieve festa; 33

così per entro loro schiera bruna
s'ammusa l'una con l'altra formica,
forse a spïar lor via e lor fortuna. 36

Tosto che parton l'accoglienza amica,
prima che 'l primo passo lì trascorra,
sopragridar ciascuna s'affatica: 39

Esempi di lussuriosi

la nova gente: "Soddoma e Gomorra";
e l'altra: "Ne la vacca entra Pasife,
perché 'l torello a sua lussuria corra". 42

Poi, come grue ch'a le montagne Rife
volasser parte, e parte inver' l'arene,
queste del gel, quelle del sole schife, 45

l'una gente sen va, l'altra sen vene;
e tornan, lagrimando, a' primi canti
e al gridar che più lor si convene; 48

e raccostansi a me, come davanti,
essi medesmi che m'avean pregato,
attenti ad ascoltar ne' lor sembianti. 51

Io, che due volte avea visto lor grato,
incominciai: "O anime sicure
d'aver, quando che sia, di pace stato,   54

non son rimase acerbe né mature
le membra mie di là, ma son qui meco
col sangue suo e con le sue giunture.   57

Quinci sù vo per non esser più cieco;
donna è di sopra che m'acquista grazia,
per che 'l mortal per vostro mondo reco.   60

Ma se la vostra maggior voglia sazia
tosto divegna, sì che 'l ciel v'alberghi
ch'è pien d'amore e più ampio si spazia,   63

ditemi, acciò ch'ancor carte ne verghi,
chi siete voi, e chi è quella turba
che se ne va di retro a' vostri terghi".   66

Non altrimenti stupido si turba
lo montanaro, e rimirando ammuta,
quando rozzo e salvatico s'inurba,   69

che ciascun'ombra fece in sua paruta;
ma poi che furon di stupore scarche,
lo qual ne li alti cuor tosto s'attuta,   72

Guido Gunizelli

"Beato te, che de le nostre marche",
ricominciò colei che pria m'inchiese,
"per morir meglio, esperïenza imbarche!   75

La gente che non vien con noi, offese
di ciò per che già Cesar, trïunfando,
"Regina" contra sé chiamar s'intese: 78

però si parton "Soddoma" gridando,
rimproverando a sé com' hai udito,
e aiutan l'arsura vergognando.   81

Nostro peccato fu ermafrodito;
ma perché non servammo umana legge,
seguendo come bestie l'appetito,   84

in obbrobrio di noi, per noi si legge,
quando partinci, il nome di colei
che s'imbestiò ne le 'mbestiate schegge.   87

Or sai nostri atti e di che fummo rei:
se forse a nome vuo' saper chi semo,
tempo non è di dire, e non saprei.   90

Farotti ben di me volere scemo:
son Guido Guinizzelli, e già mi purgo
per ben dolermi prima ch'a lo stremo".   93

Quali ne la tristizia di Ligurgo
si fer due figli a riveder la madre,
tal mi fec'io, ma non a tanto insurgo,   96

quand'io odo nomar sé stesso il padre
mio e de li altri miei miglior che mai
rime d'amor usar dolci e leggiadre;   99

e sanza udire e dir pensoso andai
lunga fïata rimirando lui,
né, per lo foco, in là più m'appressai. 102

Poi che di riguardar pasciuto fui,
tutto m'offersi pronto al suo servigio

con l'affermar che fa credere altrui. 105

Ed elli a me: "Tu lasci tal vestigio,
per quel ch'i' odo, in me, e tanto chiaro,
che Letè nol può tòrre né far bigio. 108

Ma se le tue parole or ver giuraro,
dimmi che è cagion per che dimostri
nel dire e nel guardar d'avermi caro". 111

E io a lui: "Li dolci detti vostri,
che, quanto durerà l'uso moderno,
faranno cari ancora i loro incostri". 114

"O frate", disse, "questi ch'io ti cerno
col dito", e additò un spirto innanzi,
"fu miglior fabbro del parlar materno. 117

Versi d'amore e prose di romanzi
soverchiò tutti; e lascia dir li stolti
che quel di Lemosì credon ch'avanzi. 120

A voce più ch'al ver drizzan li volti,
e così ferman sua oppinïone
prima ch'arte o ragion per lor s'ascolti. 123

Così fer molti antichi di Guittone,
di grido in grido pur lui dando pregio,
fin che l' ha vinto il ver con più persone. 126

Or se tu hai sì ampio privilegio,
che licito ti sia l'andare al chiostro
nel quale è Cristo abate del collegio, 129

falli per me un dir d'un paternostro,

quanto bisogna a noi di questo mondo,
dove poter peccar non è più nostro". 132

Poi, forse per dar luogo altrui secondo
che presso avea, disparve per lo foco,
come per l'acqua il pesce andando al fondo. 135

Io mi fei al mostrato innanzi un poco,
e dissi ch'al suo nome il mio disire
apparecchiava grazïoso loco. 138

Arnau Daniel

El cominciò liberamente a dire:
"Tan m'abellis vostre cortes deman,
qu' ieu no me puesc ni voill a vos cobrire. 141

Ieu sui Arnaut, que plor e vau cantan;
consiros vei la passada folor,
e vei jausen lo joi qu' esper, denan. 144

Ara vos prec, per aquella valor
que vos guida al som de l'escalina,
sovenha vos a temps de ma dolor!". 147

Poi s'ascose nel foco che li affina.

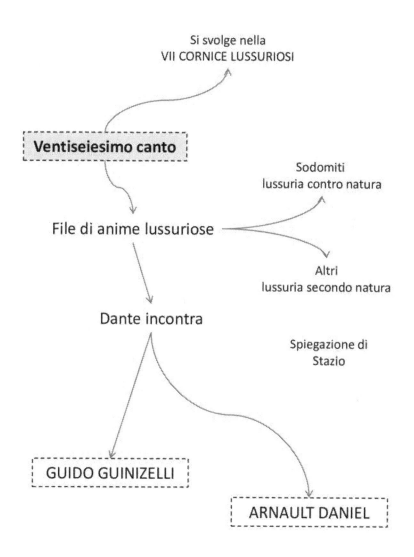

1235-1276

Bolognese

GUIDO GUINIZELLI

Poeta e magistrato

È considerato l'inventore del
DOLCE STIL NOVO

Per questo Dante vorrebbe abbracciarlo

Opera principale
CANZONIERE

quand'io odo nomar sé stesso il padre
mio e de li altri miei miglior che mai
rime d'amore usar dolci e leggiadre;
e sanza udire e dir pensoso andai
lunga fiata rimirando lui,
né, per lo foco, in là più m'appressai.

Io voglio del ver la mia donna laudare

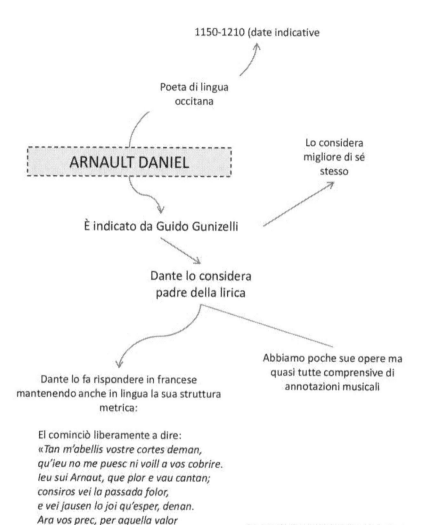

- 1150-1210 (date indicative
- Poeta di lingua occitana

ARNAULT DANIEL

- Lo considera migliore di sé stesso
- È indicato da Guido Gunizelli
- Dante lo considera padre della lirica
- Abbiamo poche sue opere ma quasi tutte comprensive di annotazioni musicali

Dante lo fa rispondere in francese mantenendo anche in lingua la sua struttura metrica:

El cominciò liberamente a dire:
«*Tan m'abellis vostre cortes deman,*
qu'ieu no me puesc ni voill a vos cobrire.
Ieu sui Arnaut, que plor e vau cantan;
consiros vei la passada folor,
e vei jausen lo joi qu'esper, denan.
Ara vos prec, per aquella valor
que vos guida al som de l'escalina,
sovenha vos a temps de ma dolor!».

Tanto mi piace la vostra domanda che non vi nego la mia identità.
Sono Arnaut che piango e canto, riguardando preoccupato le mie vecchie follie d'amore e spero di trovar la gioia davanti a me. In nome di quella virtù che vi conduce alla sommità della scala, vi prego di ricordarvi del mio dolore al momento giusto.

SCHEMATICAMENTE

IL VENTISETTESIMO CANTO DEL PURGATORIO

XXVII CANTO

I poeti si trovano nella VII Cornice e vengono richiamati dalla voce dell'angelo della castità, che canta il *Beati Mundo Corde* e li invita a superare le fiamme per poter proseguire.

L'ESITAZIONE DI DANTE

Alle parole dell'Angelo della castità, Dante si spaventa e si mostra indeciso. Virgilio come sempre lo tranquillizza, spiegando che non esiste pena in Purgatorio che possa portare alla morte e invogliando il poeta a non temere, dal momento in cui è uscito vivo dall'Inferno. Virgilio convince Dante a proseguire, affermando che solo un muro lo divide da BEATRICE. Dante a quel punto riapre gli occhi e prende coraggio, accompagnato da Virgilio che parla di Beatrice per confortarlo e un angelo che gli consiglia di salire prima del tramonto.

IL SOGNO DI DANTE: LIA

I tre poeti, superate le fiamme, salgono nella scala che li conduce al Paradiso Terrestre. Sono molto stanchi e, appena cala il sole, si stendono sui gradini.
Dante si addormenta subito e, nelle prime ore del mattino, come di consueto, inizia a sognare. Il poeta sogna una donna che si presenta come Lia, intenta a raccogliere FIORI da un prato per farne una ghirlanda. La donna vuole farsi bella per ammirare la sua immagine allo specchio, mentre sua sorella Rachele sta seduta tutto il tempo a guardare la sua immagine riflessa. Dante si sveglia e scopre che gli altri due poeti sono già svegli.

IL CONGEDO DI VIRGILIO

Virgilio si volta verso Dante e con tono solenne gli dice di avergli mostrato tutto, fino al luogo in cui gli era concesso arrivare.

Virgilio lo ha condotto con arte e ingegno, ma ora Dante è libero e può seguire il proprio piacere. Il poeta fiorentino si sente incredibilmente leggero e desideroso di salire gli ultimi scalini, mentre il Maestro lo invita ad accedere al PARADISO TERRESTRE, dove poi lo raggiungerà Beatrice. Ora, finalmente egli può seguire il libero arbitrio. Virgilio lo incorona signore di se stesso.

CANTO XXVII

L'Angelo della castità

Sì come quando i primi raggi vibra
là dove il suo fattor lo sangue sparse,
cadendo Ibero sotto l'alta Libra,   3

e l'onde in Gange da nona rïarse,
sì stava il sole; onde 'l giorno sen giva,
come l'angel di Dio lieto ci apparse.   6

Fuor de la fiamma stava in su la riva,
e cantava 'Beati mundo corde!'
in voce assai più che la nostra viva.   9

Poscia "Più non si va, se pria non morde,
anime sante, il foco: intrate in esso,
e al cantar di là non siate sorde",   12

ci disse come noi li fummo presso;
per ch'io divenni tal, quando lo 'ntesi,
qual è colui che ne la fossa è messo.   15

Paura di Dante di fronte al fuoco

In su le man commesse mi protesi,
guardando il foco e imaginando forte
umani corpi già veduti accesi.   18

Volsersi verso me le buone scorte;
e **Virgilio** mi disse: "Figliuol mio,
qui può esser tormento, ma non morte.   21

Ricorditi, ricorditi! E se io
sovresso Gerïon ti guidai salvo,
che farò ora presso più a Dio?   24

Credi per certo che se dentro a l'alvo

di questa fiamma stessi ben mille anni,
non ti potrebbe far d'un capel calvo. 27

E se tu forse credi ch'io t'inganni,
fatti ver' lei, e fatti far credenza
con le tue mani al lembo d'i tuoi panni. 30

Pon giù omai, pon giù ogne temenza;
volgiti in qua e vieni: entra sicuro!".
E io pur fermo e contra coscïenza. 33

Quando mi vide star pur fermo e duro,
turbato un poco disse: "Or vedi, figlio:
tra Bëatrice e te è questo muro". 36

Come al nome di Tisbe aperse il ciglio
Piramo in su la morte, e riguardolla,
allor che 'l gelso diventò vermiglio; 39

così, la mia durezza fatta solla,
mi volsi al savio duca, udendo il nome
che ne la mente sempre mi rampolla. 42

Ond'ei crollò la fronte e disse: "Come!
volenci star di qua?"; indi sorrise
come al fanciul si fa ch'è vinto al pome. 45

Poi dentro al foco innanzi mi si mise,
pregando Stazio che venisse retro,
che pria per lunga strada ci divise. 48

Sì com' fui dentro, in un bogliente vetro
gittato mi sarei per rinfrescarmi,
tant'era ivi lo 'ncendio sanza metro. 51

Lo dolce padre mio, per confortarmi,
pur di Beatrice ragionando andava,
dicendo: "Li occhi suoi già veder parmi". 54

Guidavaci una voce che cantava
di là; e noi, attenti pur a lei,
venimmo fuor là ove si montava. 57

'Venite, benedicti Patris mei',
sonò dentro a un lume che lì era,
tal che mi vinse e guardar nol potei. 60

"Lo sol sen va", soggiunse, "e vien la sera;
non v'arrestate, ma studiate il passo,
mentre che l'occidente non si annera". 63

La salita verso il Paradiso Terrestre

Dritta salia la via per entro 'l sasso
verso tal parte ch'io toglieva i raggi
dinanzi a me del sol ch'era già basso. 66

E di pochi scaglion levammo i saggi,
che 'l sol corcar, per l'ombra che si spense,
sentimmo dietro e io e li miei saggi. 69

E pria che 'n tutte le sue parti immense
fosse orizzonte fatto d'uno aspetto,
e notte avesse tutte sue dispense, 72

ciascun di noi d'un grado fece letto;
ché la natura del monte ci affranse
la possa del salir più e 'l diletto. 75

Quali si stanno ruminando manse
le capre, state rapide e proterve
sovra le cime avante che sien pranse, 78

tacite a l'ombra, mentre che 'l sol ferve,
guardate dal pastor, che 'n su la verga
poggiato s'è e lor di posa serve;   81

e quale il mandrïan che fori alberga,
lungo il peculio suo queto pernotta,
guardando perché fiera non lo sperga;   84

tali eravamo tutti e tre allotta,
io come capra, ed ei come pastori,
fasciati quinci e quindi d'alta grotta.   87

Poco parer potea lì del di fori;
ma, per quel poco, vedea io le stelle
di lor solere e più chiare e maggiori.   90

Sì ruminando e sì mirando in quelle,
mi prese il sonno; il sonno che sovente,
anzi che 'l fatto sia, sa le novelle.   93

Dante sogna Lia

Ne l'ora, credo, che de l'orïente
prima raggiò nel monte Citerea,
che di foco d'amor par sempre ardente,   96

giovane e bella in sogno mi parea
donna vedere andar per una landa
cogliendo fiori; e cantando dicea: 99

"Sappia qualunque il mio nome dimanda
ch'i' mi son Lia, e vo movendo intorno
le belle mani a farmi una ghirlanda.   102

Per piacermi a lo specchio, qui m'addorno;
ma mia suora Rachel mai non si smaga

dal suo miraglio, e siede tutto giorno. 105

Ell'è d'i suoi belli occhi veder vaga
com'io de l'addornarmi con le mani;
lei lo vedere, e me l'ovrare appaga". 108

E già per li splendori antelucani,
che tanto a' pellegrin surgon più grati,
quanto, tornando, albergan men lontani, 111

le tenebre fuggian da tutti lati,
e 'l sonno mio con esse; ond'io leva' mi,
veggendo i gran maestri già levati. 114

Il discorso di commiato di Virgilio

"Quel dolce pome che per tanti rami
cercando va la cura de' mortali,
oggi porrà in pace le tue fami". 117

Virgilio inverso me queste cotali
parole usò; e mai non furo strenne
che fosser di piacere a queste iguali. 120

Tanto voler sopra voler mi venne
de l'esser sù, ch'ad ogne passo poi
al volo mi sentia crescer le penne. 123

Come la scala tutta sotto noi
fu corsa e fummo in su 'l grado superno,
in me ficcò Virgilio li occhi suoi, 126

e disse: "Il temporal foco e l'etterno
veduto hai, figlio; e se' venuto in parte
dov'io per me più oltre non discerno. 129

Tratto t' ho qui con ingegno e con arte;

lo tuo piacere omai prendi per duce;
fuor se' de l'erte vie, fuor se' de l'arte. 132

Vedi lo sol che 'n fronte ti riluce;
vedi l'erbette, i fiori e li arbuscelli
che qui la terra sol da sé produce. 135

Mentre che vegnan lieti li occhi belli
che, lagrimando, a te venir mi fenno,
seder ti puoi e puoi andar tra elli. 138

Non aspettar mio dir più né mio cenno;
libero, dritto e sano è tuo arbitrio,
e fallo fora non fare a suo senno: 141

per ch'io te sovra te corono e mitrio".

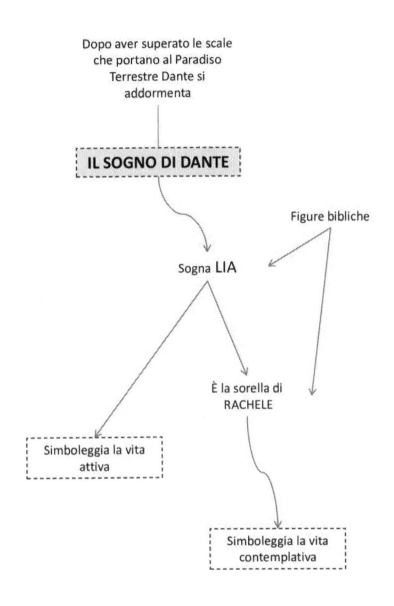

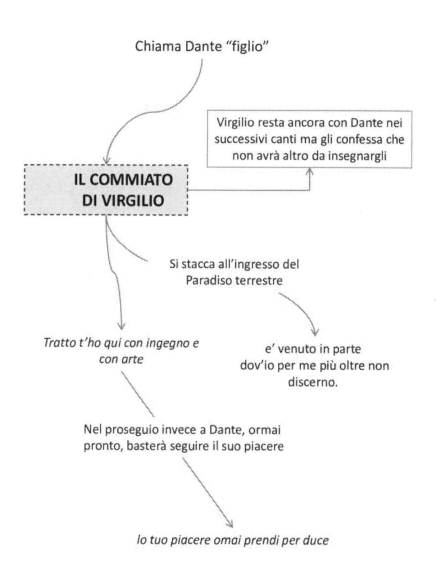

SCHEMATICAMENTE

IL VENTOTTESIMO CANTO DEL PURGATORIO

XXVIII CANTO

Dante si addentra nel GIARDINO DELL'EDEN, seguito a distanza da Stazio e Virgilio. Il registro si innalza ulteriormente, rendendo i versi simili ai versi sacri.

IL GIARDINO DELL'EDEN

Questo è il luogo da cui la vita ha avuto inizio. Dante ci si addentra e nota una vegetazione fitta e rigogliosa che non permette ai raggi del sole di entrare, percepisce un lieve venticello che muove le piante e sente il canto degli uccellini. Addentrandosi viene attratto dal fiume LETE e dalle sue acque, tanto limpide da non essere riconducibili ad alcun fiume sulla terra. Dall'altro lato del fiume, poco distante, vede una bella donna intenta a cogliere dei fiori e a cantare.

MATELDA

Dante invita la donna ad avvicinarsi, affermando che sembra ardere d'amore e invitandola a presentarsi. La donna si presenta come MATELDA e ride sull'altra riva mentre tiene in mano i fiori che ha raccolto. Matelda spiega a Virgilio e Stazio, anch'essi nuovi del luogo, che il motivo per cui lei ride è contenuto nel salmo *Delectasti*, ossia che lei gode per la contemplazione dell'opera di Dio. La donna invita Dante a rivolgerle delle domande, perché lei si trova lì per questo.

L'ORIGINE DEL VENTO E DEI FIUMI

Dante chiede come mai percepisca il VENTO e ci sia l'acqua, dal momento in cui Stazio spiegò che nel Purgatorio non esistono eventi atmosferici come quelli terreni. Matelda risponde che Dio collocò l'Eden, che avrebbe ospitato i primi uomini, al di sopra del Purgatorio per non dargli noia con gli eventi atmosferici. Nel

Purgatorio ogni fenomeno naturale si arresta dal secondo regno in poi, ma la brezza che lui percepisce non è vento, è il movimento delle sfere celesti a generarlo. Le piante, muovendosi, riempiono l'aria di virtù generativa che poi consente alle piante di svilupparsi spontaneamente sulla terra. L'acqua dei fiumi dell'Eden inoltre nasce per sola volontà divina: il Lete purifica dai peccati commessi, mentre il fiume Eunoè rafforza il ricordo del bene compiuto.

CANTO XXVIII

Ingresso nell'Eden

Vago già di cercar dentro e dintorno
la divina foresta spessa e viva,
ch'a li occhi temperava il novo giorno, 3

sanza più aspettar, lasciai la riva,
prendendo la campagna lento lento
su per lo suol che d'ogne parte auliva. 6

Un'aura dolce, sanza mutamento
avere in sé, mi feria per la fronte
non di più colpo che soave vento; 9

per cui le fronde, tremolando, pronte
tutte quante piegavano a la parte
u' la prim'ombra gitta il santo monte; 12

non però dal loro esser dritto sparte
tanto, che li augelletti per le cime
lasciasser d'operare ogne lor arte; 15

ma con piena letizia l'ore prime,
cantando, ricevieno intra le foglie,
che tenevan bordone a le sue rime, 18

tal qual di ramo in ramo si raccoglie
per la pineta in su 'l lito di Chiassi,
quand'Ëolo scilocco fuor discioglie. 21

Già m'avean trasportato i lenti passi
dentro a la selva antica tanto, ch'io
non potea rivedere ond'io mi 'ntrassi; 24

ed ecco più andar mi tolse un rio,

che 'nver' sinistra con sue picciole onde
piegava l'erba che 'n sua ripa uscìo.   27

Tutte l'acque che son di qua più monde,
parrieno avere in sé mistura alcuna
verso di quella, che nulla nasconde,   30

avvegna che si mova bruna bruna
sotto l'ombra perpetüa, che mai
raggiar non lascia sole ivi né luna.   33

Coi piè ristetti e con li occhi passai
di là dal fiumicello, per mirare
la gran varïazion d'i freschi mai;   36

e là m'apparve, sì com'elli appare
subitamente cosa che disvia
per maraviglia tutto altro pensare,   39

Appare Matelda, dialogo con Dante

una donna soletta che si gia
e cantando e scegliendo fior da fiore
ond'era pinta tutta la sua via.   42

"Deh, bella donna, che a' raggi d'amore
ti scaldi, s'i' vo' credere a' sembianti
che soglion esser testimon del core,   45

vegnati in voglia di trarreti avanti",
diss'io a lei, "verso questa rivera,
tanto ch'io possa intender che tu canti.   48

Tu mi fai rimembrar dove e qual era
Proserpina nel tempo che perdette
la madre lei, ed ella primavera".   51

Come si volge, con le piante strette
a terra e intra sé, donna che balli,
e piede innanzi piede a pena mette,   54

volsesi in su i vermigli e in su i gialli
fioretti verso me, non altrimenti
che vergine che li occhi onesti avvalli;   57

e fece i prieghi miei esser contenti,
sì appressando sé, che 'l dolce suono
veniva a me co' suoi intendimenti.   60

Tosto che fu là dove l'erbe sono
bagnate già da l'onde del bel fiume,
di levar li occhi suoi mi fece dono.   63

Non credo che splendesse tanto lume
sotto le ciglia a Venere, trafitta
dal figlio fuor di tutto suo costume.   66

Ella ridea da l'altra riva dritta,
trattando più color con le sue mani,
che l'alta terra sanza seme gitta.   69

Tre passi ci facea il fiume lontani;
ma Elesponto, là 've passò Serse,
ancora freno a tutti orgogli umani,   72

più odio da Leandro non sofferse
per mareggiare intra Sesto e Abido,
che quel da me perch'allor non s'aperse.   75

"Voi siete nuovi, e forse perch'io rido",
cominciò ella, "in questo luogo eletto
a l'umana natura per suo nido,   78

maravigliando tienvi alcun sospetto;
ma luce rende il salmo Delectasti,
che puote disnebbiar vostro intelletto.   81

E tu che se' dinanzi e mi pregasti,
dì s'altro vuoli udir; ch'i' venni presta
ad ogne tua question tanto che basti".   84

Matelda spiega a Dante i fenomeni naturali celesti

"L'acqua", diss'io, "e 'l suon de la foresta
impugnan dentro a me novella fede
di cosa ch'io udi' contraria a questa".   87

Ond'ella: "Io dicerò come procede
per sua cagion ciò ch'ammirar ti face,
e purgherò la nebbia che ti fiede.   90

Lo sommo ben, che solo esso a sé piace,
fé l'uom buono e a bene, e questo loco
diede per arr'a lui d'etterna pace.   93

Per sua difalta qui dimorò poco;
per sua difalta in pianto e in affanno
cambiò onesto riso e dolce gioco.   96

Perché 'l turbar che sotto da sé fanno
l'essalazion de l'acqua e de la terra,
che quanto posson dietro al calor vanno,   99

a l'uomo non facesse alcuna guerra,
questo monte salìo verso 'l ciel tanto,
e libero n'è d'indi ove si serra.   102

Or perché in circuito tutto quanto
l'aere si volge con la prima volta,

se non li è rotto il cerchio d'alcun canto, 105

in questa altezza ch'è tutta disciolta
ne l'aere vivo, tal moto percuote,
e fa sonar la selva perch'è folta; 108

e la percossa pianta tanto puote,
che de la sua virtute l'aura impregna
e quella poi, girando, intorno scuote; 111

e l'altra terra, secondo ch'è degna
per sé e per suo ciel, concepe e figlia
di diverse virtù diverse legna. 114

Non parrebbe di là poi maraviglia,
udito questo, quando alcuna pianta
sanza seme palese vi s'appiglia. 117

E saper dei che la campagna santa
dove tu se', d'ogne semenza è piena,
e frutto ha in sé che di là non si schianta. 120

L'acqua che vedi non surge di vena
che ristori vapor che gel converta,
come fiume ch'acquista e perde lena; 123

ma esce di fontana salda e certa,
che tanto dal voler di Dio riprende,
quant'ella versa da due parti aperta. 126

Da questa parte con virtù discende
che toglie altrui memoria del peccato;
da l'altra d'ogne ben fatto la rende. 129

Quinci Letè; così da l'altro lato

Eünoè si chiama, e non adopra
se quinci e quindi pria non è gustato: 132

Nostalgia per l'età dell'oro dei poeti

a tutti altri sapori esto è di sopra.
E avvegna ch'assai possa esser sazia
la sete tua perch'io più non ti scuopra, 135

darotti un corollario ancor per grazia;
né credo che 'l mio dir ti sia men caro,
se oltre promession teco si spazia. 138

Quelli ch'anticamente poetaro
l'età de l'oro e suo stato felice,
forse in Parnaso esto loco sognaro. 141

Qui fu innocente l'umana radice;
qui primavera sempre e ogne frutto;
nettare è questo di che ciascun dice". 144

Io mi rivolsi 'n dietro allora tutto
a' miei poeti, e vidi che con riso
udito avëan l'ultimo costrutto; 147

poi a la bella donna torna' il viso.

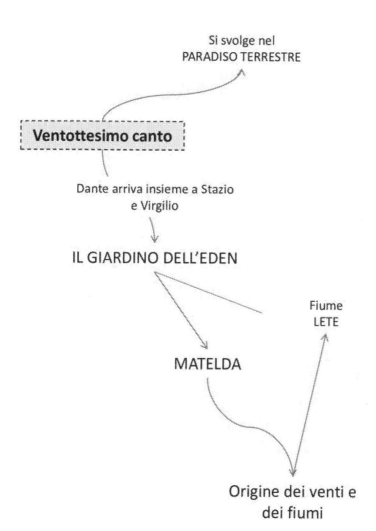

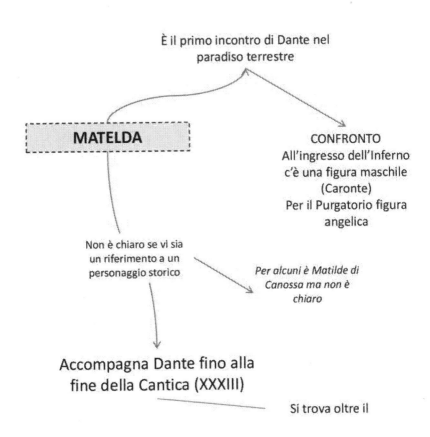

SCHEMATICAMENTE

IL VENTINOVESIMO CANTO DEL PURGATORIO

XXIX CANTO

Matelda canta e risale il corso del fiume Lete, seguita da Dante, mentre dichiara beati coloro che sono stati coperti dal perdono.

IL LAMPO CELESTE

Improvvisamente i viaggiatori scorgono una luce che attraversa la foresta, simile a un lampo ma che dura nel tempo. Si sente una dolce melodia che intona *Osanna*, mentre vede ciò che sembrano sette alberi d'oro, che riveleranno poi essere dei candelabri. Dante si gira istintivamente verso Virgilio per chiedergli di che cosa si tratti ma, per la prima volta, Virgilio si mostra stupito quanto lui.

LA PROCESSIONE SIMBOLICA

Matelda invita Dante a guardare dietro i candelabri. Il poeta scorge delle persone vestite di bianco che seguono i candelabri, i quali lasciano nel loro cammino sette liste luminose. Gli uomini che seguono i candelabri sono ventiquattro vecchi coronati da gigli. Dietro di loro compaiono quattro animali con sei ali, che Dante afferma essere descritti nel libro di Ezechiele. Gli animali circondano un carro trionfale a sei ruote guidato da un GRIFONE con penne dorate da un lato, bianche e rosse dall'altro.

Si tratta della processione simbolica del percorso della chiesa Cattolica, rappresentata dal carro. Il grifone che traina il carro simboleggia Cristo, i candelabri sono una rappresentazione dei sette doni dello Spirito Santo. Gli animali rappresentano i quattro Evangelisti, mentre le persone simboleggiano le vicende umane a cavallo della nascita di Cristo.

LE SETTE DONNE E I SETTE UOMINI

Accanto alla ruota destra del carro ci sono tre donne: una rosso fuoco, una verde smeraldo e l'altra bianca, che rappresentano le virtù teologali. Accanto alla ruota sinistra ci sono altre quattro donne vestite di porpora, che seguono una donna che ha tre occhi sulla testa e che invece rappresentano le virtù cardinali. Dietro le donne avanzano due vecchi, uno dalle parvenze di un medico e l'altro descritto con una spada, che simboleggiano gli Atti degli Apostoli e le Lettere di San Paolo. Dietro di loro ci sono altri quattro uomini e, per ultimo, un vecchio solitario che dorme. Gli uomini sono vestiti di bianco e rappresentano rispettivamente le lettere di Pietro, Giovanni, Giacomo e Giuda. Appena questi si avvicinano a Dante si sente un forte tuono.

CANTO XXIX

Risalita del fiume Lete

Cantando come donna innamorata,
continüò col fin di sue parole:
'Beati quorum tecta sunt peccata!'.   3

E come ninfe che si givan sole
per le salvatiche ombre, disïando
qual di veder, qual di fuggir lo sole,   6

allor si mosse contra 'l fiume, andando
su per la riva; e io pari di lei,
picciol passo con picciol seguitando.   9

Non eran cento tra ' suoi passi e ' miei,
quando le ripe igualmente dier volta,
per modo ch'a levante mi rendei.   12

Né ancor fu così nostra via molta,
quando la donna tutta a me si torse,
dicendo: "Frate mio, guarda e ascolta".   15

Luci e suoni dell'Eden

Ed ecco un lustro sùbito trascorse
da tutte parti per la gran foresta,
tal che di balenar mi mise in forse.   18

Ma perché 'l balenar, come vien, resta,
e quel, durando, più e più splendeva,
nel mio pensier dicea: 'Che cosa è questa?'.   21

E una melodia dolce correva
per l'aere luminoso; onde buon zelo
mi fé riprender l'ardimento d'Eva,   24

che là dove ubidia la terra e 'l cielo,
femmina, sola e pur testé formata,
non sofferse di star sotto alcun velo;   27

sotto 'l qual se divota fosse stata,
avrei quelle ineffabili delizie
sentite prima e più lunga fïata.   30

Mentr'io m'andava tra tante primizie
de l'etterno piacer tutto sospeso,
e disïoso ancora a più letizie,   33

dinanzi a noi, tal quale un foco acceso,
ci si fé l'aere sotto i verdi rami;
e 'l dolce suon per canti era già inteso.   36

La processione simbolica

O sacrosante Vergini, se fami,
freddi o vigilie mai per voi sofferi,
cagion mi sprona ch'io mercé vi chiami.   39

Or convien che Elicona per me versi,
e Uranìe m'aiuti col suo coro
forti cose a pensar mettere in versi.   42

Poco più oltre, sette alberi d'oro
falsava nel parere il lungo tratto
del mezzo ch'era ancor tra noi e loro;   45

ma quand'i' fui sì presso di lor fatto,
che l'obietto comun, che 'l senso inganna,
non perdea per distanza alcun suo atto,   48

la virtù ch'a ragion discorso ammanna,
sì com'elli eran candelabri apprese,
e ne le voci del cantare 'Osanna'.   51

Di sopra fiammeggiava il bello arnese
più chiaro assai che luna per sereno
di mezza notte nel suo mezzo mese.   54

Io mi rivolsi d'ammirazion pieno
al buon **Virgilio**, ed esso mi rispuose
con vista carca di stupor non meno.   57

Indi rendei l'aspetto a l'alte cose
che si movieno incontr'a noi sì tardi,
che foran vinte da novelle spose.   60

La donna mi sgridò: "Perché pur ardi
sì ne l'affetto de le vive luci,
e ciò che vien di retro a lor non guardi?".   63

Genti vid'io allor, come a lor duci,
venire appresso, vestite di bianco;
e tal candor di qua già mai non fuci.   66

L'acqua imprendëa dal sinistro fianco,
e rendea me la mia sinistra costa,
s'io riguardava in lei, come specchio anco.   69

Quand'io da la mia riva ebbi tal posta,
che solo il fiume mi facea distante,
per veder meglio ai passi diedi sosta,   72

e vidi le fiammelle andar davante,
lasciando dietro a sé l'aere dipinto,
e di tratti pennelli avean sembiante;   75

sì che lì sopra rimanea distinto
di sette liste, tutte in quei colori

onde fa l'arco il Sole e Delia il cinto.   78

Questi ostendali in dietro eran maggiori
che la mia vista; e, quanto a mio avviso,
diece passi distavan quei di fori.   81

Sotto così bel ciel com'io diviso,
ventiquattro seniori, a due a due,
coronati venien di fiordaliso.   84

Tutti cantavan: "Benedicta tue
ne le figlie d'Adamo, e benedette
sieno in etterno le bellezze tue!".   87

Poscia che i fiori e l'altre fresche erbette
a rimpetto di me da l'altra sponda
libere fuor da quelle genti elette,   90

sì come luce luce in ciel seconda,
vennero appresso lor quattro animali,
coronati ciascun di verde fronda.   93

Ognuno era pennuto di sei ali;
le penne piene d'occhi; e li occhi d'Argo,
se fosser vivi, sarebber cotali.   96

A descriver lor forme più non spargo
rime, lettor; ch'altra spesa mi strigne,
tanto ch'a questa non posso esser largo;   99

ma leggi Ezechïel, che li dipigne
come li vide da la fredda parte
venir con vento e con nube e con igne;   102

e quali i troverai ne le sue carte,

tali eran quivi, salvo ch'a le penne
Giovanni è meco e da lui si diparte.　　　　105

Lo spazio dentro a lor quattro contenne
un carro, in su due rote, trïunfale,
ch'al collo d'un grifon tirato venne.　　　　108

Esso tendeva in sù l'una e l'altra ale
tra la mezzana e le tre e tre liste,
sì ch'a nulla, fendendo, facea male.　　　　111

Tanto salivan che non eran viste;
le membra d'oro avea quant'era uccello,
e bianche l'altre, di vermiglio miste.　　　　114

Non che Roma di carro così bello
rallegrasse Affricano, o vero Augusto,
ma quel del Sol saria pover con ello;　　　　117

quel del Sol che, svïando, fu combusto
per l'orazion de la Terra devota,
quando fu Giove arcanamente giusto.　　　　120

Tre donne in giro da la destra rota
venian danzando; l'una tanto rossa
ch'a pena fora dentro al foco nota;　　　　123

l'altr'era come se le carni e l'ossa
fossero state di smeraldo fatte;
la terza parea neve testé mossa;　　　　126

e or parëan da la bianca tratte,
or da la rossa; e dal canto di questa
l'altre toglien l'andare e tarde e ratte.　　　　129

Da la sinistra quattro facean festa,
in porpore vestite, dietro al modo
d'una di lor ch'avea tre occhi in testa.   132

Appresso tutto il pertrattato nodo
vidi due vecchi in abito dispari,
ma pari in atto e onesto e sodo.   135

L'un si mostrava alcun de' famigliari
di quel sommo Ipocràte che natura
a li animali fé ch'ell' ha più cari;   138

mostrava l'altro la contraria cura
con una spada lucida e aguta,
tal che di qua dal rio mi fé paura.   141

Poi vidi quattro in umile paruta;
e di retro da tutti un vecchio solo
venir, dormendo, con la faccia arguta.   144

E questi sette col primaio stuolo
erano abitüati, ma di gigli
dintorno al capo non facëan brolo,   147

anzi di rose e d'altri fior vermigli;
giurato avria poco lontano aspetto
che tutti ardesser di sopra da' cigli.   150

E quando il carro a me fu a rimpetto,
un tuon s'udì, e quelle genti degne
parvero aver l'andar più interdetto,   153

fermandosi ivi con le prime insegne.

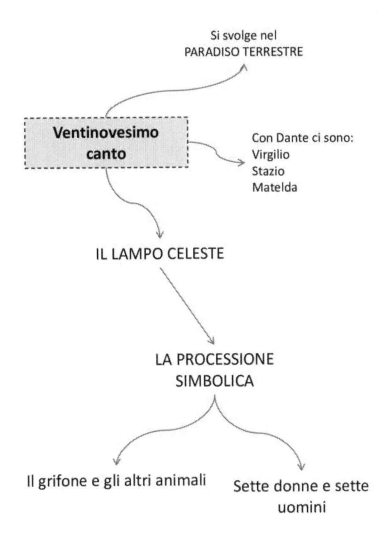

IL SIMBOLISMO DEL XXIX CANTO

- **LA PROCESSIONE** — Il percorso della Chiesa
- **IL GRIFONE** — Rappresenta GESÙ CRISTO
- **QUATTRO ANIMALI CON SEI ALI** — Gli evangelisti
- **I SETTE CANDELABRI** — I sette doni dello Spirito Santo
- **DUE VECCHI** — Gli atti degli apostoli e le lettere di San Paolo
- **ALTRI UOMINI VESTITI DI BIANCO** — le lettere di Pietro, Giovanni, Giacomo e Giuda

SCHEMATICAMENTE

IL TRENTESIMO CANTO DEL PURGATORIO

XXX CANTO

Dante si trova ancora nel giardino dell'Eden, davanti al carro. Quando i sette candelabri si arrestano, uno di loro canta *"Veni, sponsa, de Libano"* seguito dagli altri. Cento angeli si innalzano in volo: finalmente il sogno di Dante si avvera.

L'APPARIZIONE DI BEATRICE

BEATRICE viene descritta come una donna coperta da una nuvola di FIORI che emana AMORE. Indossa un velo bianco, una corona di ulivo e una veste color rosso. Pur non riuscendo a vederne il viso, Dante riconosce subito che si tratta della donna che egli ha amato. L'uomo si volta verso la sua guida per raccontare la propria emozione ma scopre che Virgilio è sparito e cade in un pianto disperato.

IL RIMPROVERO DI BEATRICE

Beatrice ammonisce aspramente Dante e lo invita a non piangere, perché avrà altri motivi per cui farlo. La donna gli chiede come mai si trovi nel Paradiso dell'Eden e mostra un atteggiamento duro, come quello di una madre che rimprovera suo figlio. Gli angeli provano compassione per lui e cantano il Salmo XXX, mentre Dante piange disperatamente come ha fatto prima per l'assenza di Virgilio.

L'ACCUSA DI BEATRICE

Beatrice spiega agli angeli che Dante in gioventù ebbe la virtù data per speciale grazia divina e finché lei era in vita egli proseguì per la retta via. Alla sua morte però il poeta la abbandonò per dedicarsi ad altri interessi e fu inutile comparirgli in sogno per riportarlo sulla retta via. La donna quindi si recò da Virgilio per chiedergli di mostrargli i dannati e di accompagnarlo nel viaggio verso la PURIFICAZIONE. Egli però non può bagnarsi nelle acque del FIUME senza prima pentirsi e piangere.

CANTO XXX

Si prepara l'apparizione di Beatrice

Quando il settentrïon del primo cielo,
che né occaso mai seppe né orto
né d'altra nebbia che di colpa velo,   3

e che faceva lì ciascuno accorto
di suo dover, come 'l più basso face
qual temon gira per venire a porto,   6

fermo s'affisse: la gente verace,
venuta prima tra 'l grifone ed esso,
al carro volse sé come a sua pace;   9

e un di loro, quasi da ciel messo,
'Veni, sponsa, de Libano' cantando
gridò tre volte, e tutti li altri appresso.   12

Quali i beati al novissimo bando
surgeran presti ognun di sua caverna,
la revestita voce alleluiando,   15

cotali in su la divina basterna
si levar cento, ad vocem tanti senis,
ministri e messagger di vita etterna.   18

Tutti dicean: 'Benedictus qui venis!',
e fior gittando e di sopra e dintorno,
'Manibus, oh, date lilïa plenis!'.   21

Apparizione di Beatrice, sparisce Virgilio

Io vidi già nel cominciar del giorno
la parte orïental tutta rosata,
e l'altro ciel di bel sereno addorno;   24

e la faccia del sol nascere ombrata,

sì che per temperanza di vapori
l'occhio la sostenea lunga fïata: 27

così dentro una nuvola di fiori
che da le mani angeliche saliva
e ricadeva in giù dentro e di fori, 30

sovra candido vel cinta d'uliva
donna m'apparve, sotto verde manto
vestita di color di fiamma viva. 33

E lo spirito mio, che già cotanto
tempo era stato ch'a la sua presenza
non era di stupor, tremando, affranto, 36

sanza de li occhi aver più conoscenza,
per occulta virtù che da lei mosse,
d'antico amor sentì la gran potenza. 39

Tosto che ne la vista mi percosse
l'alta virtù che già m'avea trafitto
prima ch'io fuor di püerizia fosse, 42

volsimi a la sinistra col respitto
col quale il fantolin corre a la mamma
quando ha paura o quand'elli è afflitto, 45

per dicere a Virgilio: 'Men che dramma
di sangue m'è rimaso che non tremi:
conosco i segni de l'antica fiamma'. 48

Ma Virgilio n'avea lasciati scemi
di sé, Virgilio dolcissimo patre,
Virgilio a cui per mia salute die' mi; 51

né quantunque perdeo l'antica matre,
valse a le guance nette di rugiada
che, lagrimando, non tornasser atre. 54

Il rimprovero di Beatrice a Dante e il soccorso degli Angeli

"Dante, perché Virgilio se ne vada,
non pianger anco, non piangere ancora;
ché pianger ti conven per altra spada". 57

Quasi ammiraglio che in poppa e in prora
viene a veder la gente che ministra
per li altri legni, e a ben far l'incora; 60

in su la sponda del carro sinistra,
quando mi volsi al suon del nome mio,
che di necessità qui si registra, 63

vidi la donna che pria m'appario
velata sotto l'angelica festa,
drizzar li occhi ver' me di qua dal rio. 66

Tutto che 'l vel che le scendea di testa,
cerchiato de le fronde di Minerva,
non la lasciasse parer manifesta, 69

regalmente ne l'atto ancor proterva
continüò come colui che dice
e 'l più caldo parlar dietro reserva: 72

"Guardaci ben! Ben son, ben son Beatrice.
Come degnasti d'accedere al monte?
non sapei tu che qui è l'uom felice?". 75

Li occhi mi cadder giù nel chiaro fonte;
ma veggendomi in esso, i trassi a l'erba,
tanta vergogna mi gravò la fronte. 78

Così la madre al figlio par superba,
com'ella parve a me; perché d'amaro
sente il sapor de la pietade acerba.   81

Ella si tacque; e li angeli cantaro
di sùbito 'In te, Domine, speravi';
ma oltre 'pedes meos' non passaro.   84

Sì come neve tra le vive travi
per lo dosso d'Italia si congela,
soffiata e stretta da li venti schiavi,   87

poi, liquefatta, in sé stessa trapela,
pur che la terra che perde ombra spiri,
sì che par foco fonder la candela;   90

così fui sanza lagrime e sospiri
anzi 'l cantar di quei che notan sempre
dietro a le note de li etterni giri;   93

ma poi che 'ntesi ne le dolci tempre
lor compartire a me, par che se detto
avesser: 'Donna, perché sì lo stempre?',   96

lo gel che m'era intorno al cor ristretto,
spirito e acqua fessi, e con angoscia
de la bocca e de li occhi uscì del petto.   99

Nuove accuse di Beatrice

Ella, pur ferma in su la detta coscia
del carro stando, a le sustanze pie
volse le sue parole così poscia: 102

"Voi vigilate ne l'etterno die,
sì che notte né sonno a voi non fura

passo che faccia il secol per sue vie; 105

onde la mia risposta è con più cura
che m'intenda colui che di là piagne,
perché sia colpa e duol d'una misura. 108

Non pur per ovra de le rote magne,
che drizzan ciascun seme ad alcun fine
secondo che le stelle son compagne, 111

ma per larghezza di grazie divine,
che sì alti vapori hanno a lor piova,
che nostre viste là non van vicine, 114

questi fu tal ne la sua vita nova
virtüalmente, ch'ogne abito destro
fatto averebbe in lui mirabil prova. 117

Ma tanto più maligno e più silvestro
si fa 'l terren col mal seme e non cólto,
quant'elli ha più di buon vigor terrestro. 120

Alcun tempo il sostenni col mio volto:
mostrando li occhi giovanetti a lui,
meco il menava in dritta parte vòlto. 123

Sì tosto come in su la soglia fui
di mia seconda etade e mutai vita,
questi si tolse a me, e diessi altrui. 126

Quando di carne a spirto era salita,
e bellezza e virtù cresciuta m'era,
fu' io a lui men cara e men gradita; 129

e volse i passi suoi per via non vera,

imagini di ben seguendo false,
che nulla promession rendono intera. 132

Né l'impetrare ispirazion mi valse,
con le quali e in sogno e altrimenti
lo rivocai: sì poco a lui ne calse! 135

Tanto giù cadde, che tutti argomenti
a la salute sua eran già corti,
fuor che mostrarli le perdute genti. 138

Per questo visitai l'uscio d'i morti,
e a colui che l' ha qua sù condotto,
li preghi miei, piangendo, furon porti. 141

Alto fato di Dio sarebbe rotto,
se Letè si passasse e tal vivanda
fosse gustata sanza alcuno scotto 144

di pentimento che lagrime spanda".

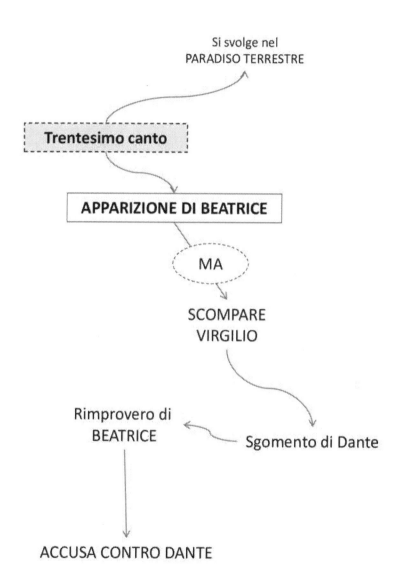

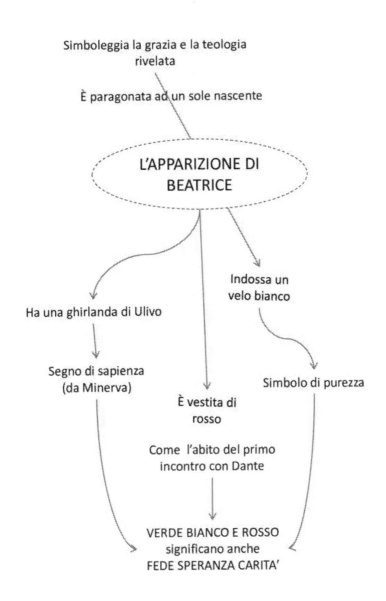

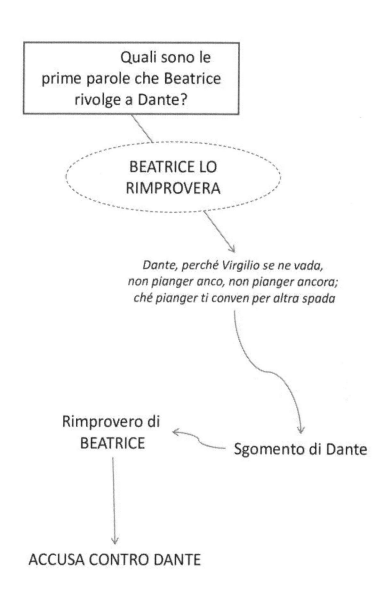

La Beatrice storica

Scarse notizie
(la sua stessa indicazione è
ancora oggetto di dubbi)

BEATRICE PORTINARI

Detta Bice

Firenze 1266- Firenze 1290

Figlia di Folco Portinari
banchiere

Sposata probabilmente con
SIMONE DE BARDI

Forse morta di primo parto

SCHEMATICAMENTE

IL TRENTUNESIMO CANTO DEL PURGATORIO

XXXI CANTO

Beatrice esorta il poeta a rispondere alle sue accuse, rivolgendosi per la prima volta a lui. Dante è confuso e non riesce a rispondere e quando la donna lo invita a farlo, egli si mette a piangere. Beatrice gli chiede allora quali ostacoli gli abbiano impedito di perseguire il bene e di dedicarsi ai BENI MATERIALI.

IL PENTIMENTO DI DANTE

Dante risponde che i BENI MATERIALI lo hanno attratto con il loro aspetto piacevole, mentre Beatrice lo invita ad approfondire perché la confessione attenua il GIUDIZIO DIVINO. Lo invita allora ad ascoltarla, affinché gli serva da insegnamento. La morte di Beatrice avrebbe dovuto indurlo a desiderare beni eterni e non terreni, dal momento in cui nessuna donna poteva superare lei in bellezza e beatitudine, ma così non è stato. Secondo la donna, solo un giovane uccello sarebbe potuto cadere in questa trappola ma non è concepibile lo stesso da un volatile adulto. Beatrice invita Dante a guardarla mentre lei guarda il grifone, egli obbedisce e viene pervaso da un pentimento tale che cade a terra svenuto.

LA PURIFICAZIONE DI DANTE

Una volta svegliatosi, Dante si accorge di essere stato immerso nel fiume Lete da Matelda, che lo tiene con dolcezza. Prima di giungere all'altra sponda, mentre gli angeli intorno a lui cantano, Matelda spinge la testa di Dante sotto l'acqua per fargliene bere un po'. Una volta uscito dall'acqua, egli si affida alle quattro ninfe che lo accompagneranno da Beatrice e che, insieme alle altre tre donne, lo aiuteranno a guardarla.

LO SGUARDO DI BEATRICE

Dante giunge quindi al cospetto di Beatrice e guarda negli occhi la donna, che continua a guardare il GRIFONE. Dante nota che l'immagine del grifone riflessa è fissa, mentre la sua cambia in continuazione. Le tre donne, il cui significato è spiegato nel XXIX canto, invitano Beatrice a guardare Dante negli occhi. Dante esaudisce il loro desiderio e finalmente si mostra, sorridente e beata. L'uomo la descrive di una bellezza tale che neanche un poeta potrebbe descriverla.

CANTO XXXI

Beatrice mette alle strette Dante

"O tu che se' di là dal fiume sacro",
volgendo suo parlare a me per punta,
che pur per taglio m'era paruto acro, 3

ricominciò, seguendo sanza cunta,
"dì, dì se questo è vero; a tanta accusa
tua confession conviene esser congiunta". 6

Era la mia virtù tanto confusa,
che la voce si mosse, e pria si spense
che da li organi suoi fosse dischiusa. 9

Poco sofferse; poi disse: "Che pense?
Rispondi a me; ché le memorie triste
in te non sono ancor da l'acqua offense". 12

Confusione e paura insieme miste
mi pinsero un tal "sì" fuor de la bocca,
al quale intender fuor mestier le viste. 15

Come balestro frange, quando scocca
da troppa tesa, la sua corda e l'arco,
e con men foga l'asta il segno tocca, 18

sì scoppia' io sottesso grave carco,
fuori sgorgando lagrime e sospiri,
e la voce allentò per lo suo varco. 21

Ond'ella a me: "Per entro i mie' disiri,
che ti menavano ad amar lo bene
di là dal qual non è a che s'aspiri, 24

quai fossi attraversati o quai catene

trovasti, per che del passare innanzi
dovessiti così spogliar la spene? 27

E quali agevolezze o quali avanzi
ne la fronte de li altri si mostraro,
per che dovessi lor passeggiare anzi?". 30

Dopo la tratta d'un sospiro amaro,
a pena ebbi la voce che rispuose,
e le labbra a fatica la formaro. 33

Pentimento di Dante e nuove accuse di Beatrice

Piangendo dissi: "Le presenti cose
col falso lor piacer volser miei passi,
tosto che 'l vostro viso si nascose". 36

Ed ella: "Se tacessi o se negassi
ciò che confessi, non fora men nota
la colpa tua: da tal giudice sassi! 39

Ma quando scoppia de la propria gota
l'accusa del peccato, in nostra corte
rivolge sé contra 'l taglio la rota. 42

Tuttavia, perché mo vergogna porte
del tuo errore, e perché altra volta,
udendo le serene, sie più forte, 45

pon giù il seme del piangere e ascolta:
sì udirai come in contraria parte
mover dovieti mia carne sepolta. 48

Mai non t'appresentò natura o arte
piacer, quanto le belle membra in ch'io
rinchiusa fui, e che so' 'n terra sparte; 51

e se 'l sommo piacer sì ti fallio
per la mia morte, qual cosa mortale
dovea poi trarre te nel suo disio? 54

Ben ti dovevi, per lo primo strale
de le cose fallaci, levar suso
di retro a me che non era più tale. 57

Non ti dovea gravar le penne in giuso,
ad aspettar più colpo, o pargoletta
o altra novità con sì breve uso. 60

Novo augelletto due o tre aspetta;
ma dinanzi da li occhi d'i pennuti
rete si spiega indarno o si saetta". 63

Quali fanciulli, vergognando, muti
con li occhi a terra stannosi, ascoltando
e sé riconoscendo e ripentuti, 66

tal mi stav'io; ed ella disse: "Quando
per udir se' dolente, alza la barba,
e prenderai più doglia riguardando". 69

Pieno pentimento di Dante che sviene

Con men di resistenza si dibarba
robusto cerro, o vero al nostral vento
o vero a quel de la terra di Iarba, 72

ch'io non levai al suo comando il mento;
e quando per la barba il viso chiese,
ben conobbi il velen de l'argomento. 75

E come la mia faccia si distese,
posarsi quelle prime creature
da loro aspersïon l'occhio comprese; 78

e le mie luci, ancor poco sicure,
vider Beatrice volta in su la fiera
ch'è sola una persona in due nature. 81

Sotto 'l suo velo e oltre la rivera
vincer pariemi più sé stessa antica,
vincer che l'altre qui, quand'ella c'era. 84

Di penter sì mi punse ivi l'ortica,
che di tutte altre cose qual mi torse
più nel suo amor, più mi si fé nemica. 87

Tanta riconoscenza il cor mi morse,
ch'io caddi vinto; e quale allora femmi,
salsi colei che la cagion mi porse. 90

Dante viene immerso nel Lete e condotto da Beatrice

Poi, quando il cor virtù di fuor rendemmi,
la donna ch'io avea trovata sola
sopra me vidi, e dicea: "Tiemmi, tiemmi!". 93

Tratto m'avea nel fiume infin la gola,
e tirandosi me dietro sen giva
sovresso l'acqua lieve come scola. 96

Quando fui presso a la beata riva,
'Asperges me' sì dolcemente udissi,
che nol so rimembrar, non ch'io lo scriva. 99

La bella donna ne le braccia aprissi;
abbracciommi la testa e mi sommerse
ove convenne ch'io l'acqua inghiottissi. 102

Indi mi tolse, e bagnato m'offerse
dentro a la danza de le quattro belle;

e ciascuna del braccio mi coperse. 105

"Noi siam qui ninfe e nel ciel siamo stelle;
pria che Beatrice discendesse al mondo,
fummo ordinate a lei per sue ancelle. 108

Merrenti a li occhi suoi; ma nel giocondo
lume ch'è dentro aguzzeranno i tuoi
le tre di là, che miran più profondo". 111

Così cantando cominciaro; e poi
al petto del grifon seco menarmi,
ove Beatrice stava volta a noi. 114

Disser: "Fa che le viste non risparmi;
posto t'avem dinanzi a li smeraldi
ond'Amor già ti trasse le sue armi". 117

Mille disiri più che fiamma caldi
strinsermi li occhi a li occhi rilucenti,
che pur sopra 'l grifone stavan saldi. 120

Come in lo specchio il sol, non altrimenti
la doppia fiera dentro vi raggiava,
or con altri, or con altri reggimenti. 123

Pensa, lettor, s'io mi maravigliava,
quando vedea la cosa in sé star queta,
e ne l'idolo suo si trasmutava. 126

Mentre che piena di stupore e lieta
l'anima mia gustava di quel cibo
che, saziando di sé, di sé asseta, 129

sé dimostrando di più alto tribo

ne li atti, l'altre tre si fero avanti,
danzando al loro angelico caribo. 132

"Volgi, Beatrice, volgi li occhi santi",
era la sua canzone, "al tuo fedele
che, per vederti, ha mossi passi tanti! 135

Per grazia fa noi grazia che disvele
a lui la bocca tua, sì che discerna
la seconda bellezza che tu cele". 138

O isplendor di viva luce etterna,
chi palido si fece sotto l'ombra
sì di Parnaso, o bevve in sua cisterna, 141

che non paresse aver la mente ingombra,
tentando a render te qual tu paresti
là dove armonizzando il ciel t'adombra, 144

quando ne l'aere aperto ti solvesti?

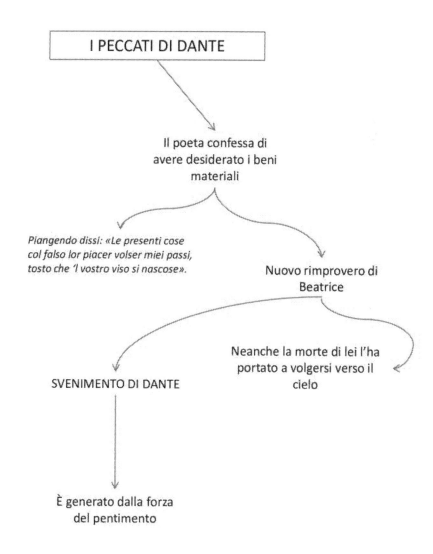

SCHEMATICAMENTE

IL TRENTADUESIMO CANTO DELLA DIVINA COMMEDIA

XXXII CANTO

Dante osserva talmente a lungo il volto di Beatrice da essere ripreso dalle tre donne ed egli si accorge che ha ricevuto un abbaglio talmente grande da non riuscire più a vedere, come succede quando si guarda il sole. Egli, distogliendo lo sguardo, si accorge che il carro si è mosso verso destra, dando origine a una processione che termina quando Beatrice scende dal carro.

L'ALBERO DELL'EDEN

Tutti i partecipanti alla processione si posizionano intorno a un ALBERO spoglio mormorando il nome di Adamo. Il grifone viene lodato perché non lacera il legno dell'albero, come invece fanno altri animali (e come hanno fatto gli imperatori pagani); egli lega il carro all'ALBERO con una sua frasca. In quel momento l'arbusto fiorisce e i personaggi intonano un canto celestiale. Dante si addormenta ai piedi dell'albero e viene risvegliato dal bagliore e dalla voce di Matelda che lo invita ad alzarsi e lo conduce da Beatrice che custodisce il carro.

IL DESTINO DI DANTE DOPO LA MORTE

Beatrice svela a Dante che egli rimarrà per poco tempo nell'Eden dopo la sua morte e poi la raggiungerà in Paradiso. Lo invita però a prestare attenzione a quello che succede al carro, in modo da poterlo poi trascrivere e raccontare ai peccatori che vivono sulla terra.

LE ALLEGORIE DEL CARRO

A questo punto iniziano una serie di vicende allegoriche che si rifanno alle vicende della Chiesa Cattolica, rappresentate dal CARRO. Dante vede un'aquila scendere dal cielo accanirsi contro l'albero e dilaniare i suoi rami, poi vede giungere una volpe magra e affamata che viene messa in fuga da Beatrice, la quale la accusa di gravi colpe. L'aquila rappresenta le persecuzioni degli imperatori pagani, mentre la volpe simboleggia l'eresia. Dante scorge poi nuovamente l'aquila che lascia le sue penne sul carro (simboleggiano la corruzione ecclesiastica) che però viene improvvisamente colpito da un drago, il quale simboleggia gli scismi della chiesa e probabilmente lo stesso Maometto.

Infine il carro, nuovamente ricoperto di penne dall'aquila, si trasforma in un mostro con sette teste, che rappresentano i sette PECCATI CAPITALI, mentre una prostituta (la curia papale corrotta) siede sul carro osservata da un gigante (Filippo il bello), il quale la frusta appena vede che la donna rivolge a Dante uno sguardo carico di desiderio e si allontana trascinando via il carro.

CANTO XXXII

Dante di fronte al viso di Beatrice

Tant'eran li occhi miei fissi e attenti
a disbramarsi la decenne sete,
che li altri sensi m'eran tutti spenti.   3

Ed essi quinci e quindi avien parete
di non caler - così lo santo riso
a sé traéli con l'antica rete! -;   6

quando per forza mi fu vòlto il viso
ver' la sinistra mia da quelle dee,
perch'io udi' da loro un "Troppo fiso!";   9

e la disposizion ch'a veder èe
ne li occhi pur testé dal sol percossi,
sanza la vista alquanto esser mi fée.   12

Ma poi ch'al poco il viso riformossi
(e dico 'al poco' per rispetto al molto
sensibile onde a forza mi rimossi),   15

vidi 'n sul braccio destro esser rivolto
lo glorïoso essercito, e tornarsi
col sole e con le sette fiamme al volto.   18

Come sotto li scudi per salvarsi
volgesi schiera, e sé gira col segno,
prima che possa tutta in sé mutarsi;   21

quella milizia del celeste regno
che procedeva, tutta trapassonne
pria che piegasse il carro il primo legno.   24

Indi a le rote si tornar le donne,

e 'l grifon mosse il benedetto carco
sì, che però nulla penna crollonne. 27

La bella donna che mi trasse al varco
e Stazio e io seguitavam la rota
che fé l'orbita sua con minore arco. 30

Sì passeggiando l'alta selva vòta,
colpa di quella ch'al serpente crese,
temprava i passi un'angelica nota. 33

L'albero dell'Eden

Forse in tre voli tanto spazio prese
disfrenata saetta, quanto eramo
rimossi, quando Bëatrice scese. 36

Io senti' mormorare a tutti "Adamo";
poi cerchiaro una pianta dispogliata
di foglie e d'altra fronda in ciascun ramo. 39

La coma sua, che tanto si dilata
più quanto più è sù, fora da l'Indi
ne' boschi lor per altezza ammirata. 42

"Beato se', grifon, che non discindi
col becco d'esto legno dolce al gusto,
poscia che mal si torce il ventre quindi". 45

Così dintorno a l'albero robusto
gridaron li altri; e l'animal binato:
"Sì si conserva il seme d'ogne giusto". 48

E vòlto al temo ch'elli avea tirato,
trasselo al piè de la vedova frasca,
e quel di lei a lei lasciò legato. 51

Come le nostre piante, quando casca
giù la gran luce mischiata con quella
che raggia dietro a la celeste lasca,   54

turgide fansi, e poi si rinovella
di suo color ciascuna, pria che 'l sole
giunga li suoi corsier sotto altra stella;   57

men che di rose e più che di vïole
colore aprendo, s'innovò la pianta,
che prima avea le ramora sì sole.   60

Io non lo 'ntesi, né qui non si canta
l'inno che quella gente allor cantaro,
né la nota soffersi tutta quanta.   63

Risveglio di Dante

S'io potessi ritrar come assonnaro
li occhi spietati udendo di Siringa,
li occhi a cui pur vegghiar costò sì caro;   66

come pintor che con essempro pinga,
disegnerei com'io m'addormentai;
ma qual vuol sia che l'assonnar ben finga.   69

Però trascorro a quando mi svegliai,
e dico ch'un splendor mi squarciò 'l velo
del sonno, e un chiamar: "Surgi: che fai?".   72

Quali a veder de' fioretti del melo
che del suo pome li angeli fa ghiotti
e perpetüe nozze fa nel cielo,   75

Pietro e Giovanni e Iacopo condotti
e vinti, ritornaro a la parola
da la qual furon maggior sonni rotti,   78

e videro scemata loro scuola
così di Moïsè come d'Elia,
e al maestro suo cangiata stola; 81

tal torna' io, e vidi quella pia
sovra me starsi che conducitrice
fu de' miei passi lungo 'l fiume pria. 84

E tutto in dubbio dissi: "Ov'è Beatrice?".
Ond'ella: "Vedi lei sotto la fronda
nova sedere in su la sua radice. 87

Vedi la compagnia che la circonda:
li altri dopo 'l grifon sen vanno suso
con più dolce canzone e più profonda". 90

E se più fu lo suo parlar diffuso,
non so, però che già ne li occhi m'era
quella ch'ad altro intender m'avea chiuso. 93

Sola sedeasi in su la terra vera,
come guardia lasciata lì del plaustro
che legar vidi a la biforme fera. 96

In cerchio le facevan di sé claustro
le sette ninfe, con quei lumi in mano
che son sicuri d'Aquilone e d'Austro. 99

Beatrice assegna la missione a Dante

"Qui sarai tu poco tempo silvano;
e sarai meco sanza fine cive
di quella Roma onde Cristo è romano. 102

Però, in pro del mondo che mal vive,
al carro tieni or li occhi, e quel che vedi,

ritornato di là, fa che tu scrive". 105

Così Beatrice; e io, che tutto ai piedi
d'i suoi comandamenti era divoto,
la mente e li occhi ov'ella volle diedi. 108

Nuove allegorie

Non scese mai con sì veloce moto
foco di spessa nube, quando piove
da quel confine che più va remoto, 111

com'io vidi calar l'uccel di Giove
per l'alber giù, rompendo de la scorza,
non che d'i fiori e de le foglie nove; 114

e ferì 'l carro di tutta sua forza;
ond'el piegò come nave in fortuna,
vinta da l'onda, or da poggia, or da orza. 117

Poscia vidi avventarsi ne la cuna
del trïunfal veiculo una volpe
che d'ogne pasto buon parea digiuna; 120

ma, riprendendo lei di laide colpe,
la donna mia la volse in tanta futa
quanto sofferser l'ossa sanza polpe. 123

Poscia per indi ond'era pria venuta,
l'aguglia vidi scender giù ne l'arca
del carro e lasciar lei di sé pennuta; 126

e qual esce di cuor che si rammarca,
tal voce uscì del cielo e cotal disse:
"O navicella mia, com' mal se' carca!". 129

Poi parve a me che la terra s'aprisse

tr'ambo le ruote, e vidi uscirne un drago
che per lo carro sù la coda fisse;   132

e come vespa che ritragge l'ago,
a sé traendo la coda maligna,
trasse del fondo, e gissen vago vago.   135

Quel che rimase, come da gramigna
vivace terra, da la piuma, offerta
forse con intenzion sana e benigna,   138

si ricoperse, e funne ricoperta
e l'una e l'altra rota e 'l temo, in tanto
che più tiene un sospir la bocca aperta.   141

La puttana e il gigante

Trasformato così 'l dificio santo
mise fuor teste per le parti sue,
tre sovra 'l temo e una in ciascun canto.   144

Le prime eran cornute come bue,
ma le quattro un sol corno avean per fronte:
simile mostro visto ancor non fue.   147

Sicura, quasi rocca in alto monte,
seder sovresso una puttana sciolta
m'apparve con le ciglia intorno pronte;   150

e come perché non li fosse tolta,
vidi di costa a lei dritto un gigante;
e basciavansi insieme alcuna volta.   153

Ma perché l'occhio cupido e vagante
a me rivolse, quel feroce drudo
la flagellò dal capo infin le piante;   156

poi, di sospetto pieno e d'ira crudo,
disciolse il mostro, e trassel per la selva,
tanto che sol di lei mi fece scudo 159

a la puttana e a la nova belva.

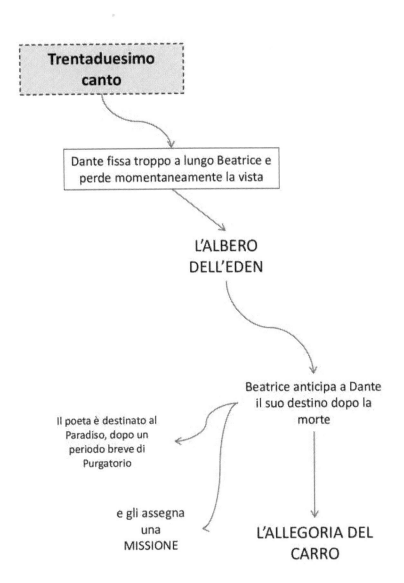

> **Perché, tornato tra i vivi, Dante scrive la Divina Commedia?**

MISSIONE DI DANTE
Perché Beatrice gli chiede espressamente di farlo

(...) Però, in pro del mondo che mal vive, al carro tieni or li occhi, e quel che vedi, ritornato di là, fa che tu scrive».

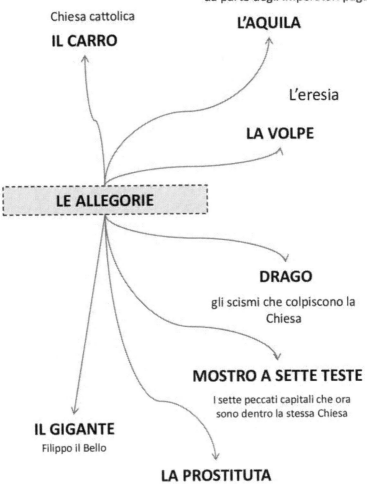

SCHEMATICAMENTE

IL TRENTATREESIMO CANTO DEL PURGATORIO

XXXIII CANTO

Le sette donne intonano un canto che lamenta la distruzione del tempio di Gerusalemme

LA PROFEZIA DI BEATRICE

Beatrice inizia il suo cammino chiedendo a Dante, Stazio e Matelda di seguirla. Dopo nove passi, si volta e chiede a Dante perché non le faccia domande. L'uomo ammette di essere intimorito, mentre la beata lo invita ad abbandonare ogni vergogna perché ora il CARRO non esiste più e chi lo ha distrutto verrà punito da Dio. Poi Beatrice profetizza che l'aquila che ha distrutto il carro (chi ha distrutto la chiesa Cattolica) non sarà sempre senza eredi e che manca poco tempo alla venuta del misterioso "cinquecento - dieci - cinque" (DXV) che sarà inviato da Dio per distruggere il gigante e la prostituta (quindi a distruggere la monarchia francese e la corruzione che affligge la chiesa). Non si conosce il reale significato delle parole di Beatrice, è ipotesi condivisa che possa riferirsi alla venuta di Arrigo VII.

L'INCAPACITÀ DI DANTE

Beatrice chiede a Dante di stare attento agli avvenimenti, per poterli riportare bene una volta tornato sulla terra e aggiunge di prestare particolare attenzione a chi ha dilaniato l'albero, poiché questo è un sacrilegio contro Dio, come fece Adamo. Beatrice nota però che l'intelletto di Dante non riesce a comprendere a pieno, pertanto gli chiede di ricordarsi gli avvenimenti almeno sommariamente. L'uomo domanda come mai tutto ciò gli risulta di difficile comprensione e lei gli spiega che la dottrina che egli ha seguito fino a quel momento non è sufficiente per comprendere. Dante non ricorda di aver avuto una vita peccaminosa e il motivo è da imputarsi al suo bagno nel LETE, che gliene ha cancellato memoria.

IL BAGNO NELL'EUNOÉ

Le sette donne raggiungono un punto dell'Eden in cui penetra un po' di luce. Dante scorge i due FIUMI Lete e EUNOÉ che sgorgano da un unico punto e poi si diradano e chiede spiegazioni a Beatrice, che lo ammonisce perché la spiegazione gli era già stata data da Matelda. La donna invita poi la sua compagna ad accompagnare Dante e Stazio a bere l'acqua dell''EUNOÉ, il fiume che ha la funzione di riportare alla memoria ogni opera di bene compiuta. Dante afferma nel poema di aver poco spazio per descrivere quanto è dolce il gusto dell'acqua del fiume, che non sazia mai, ma questo non gli è possibile. Il canto termina con l'allontanamento di Dante dal fiume, finalmente rinnovato, purificato e pronto per salire in Paradiso.

CANTO XXXIII

Canto delle sette donne

'Deus, venerunt gentes', alternando
or tre or quattro dolce salmodia,
le donne incominciaro, e lagrimando; 3

e Bëatrice, sospirosa e pia,
quelle ascoltava sì fatta, che poco
più a la croce si cambiò Maria. 6

Ma poi che l'altre vergini dier loco
a lei di dir, levata dritta in pè,
rispuose, colorata come foco: 9

'Modicum, et non videbitis me;
et iterum, sorelle mie dilette,
modicum, et vos videbitis me'. 12

Poi le si mise innanzi tutte e sette,
e dopo sé, solo accennando, mosse
me e la donna e 'l savio che ristette. 15

Così sen giva; e non credo che fosse
lo decimo suo passo in terra posto,
quando con li occhi li occhi mi percosse; 18

e con tranquillo aspetto "Vien più tosto",
mi disse, "tanto che, s'io parlo teco,
ad ascoltarmi tu sie ben disposto". 21

Sì com'io fui, com'io dovëa, seco,
dissemi: "Frate, perché non t'attenti
a domandarmi omai venendo meco?". 24

Come a color che troppo reverenti

dinanzi a suo maggior parlando sono,
che non traggon la voce viva ai denti, 27

avvenne a me, che sanza intero suono
incominciai: "Madonna, mia bisogna
voi conoscete, e ciò ch'ad essa è buono". 30

Ed ella a me: "Da tema e da vergogna
voglio che tu omai ti disviluppe,
sì che non parli più com'om che sogna. 33

La profezia di Beatrice sulla venuta di un DXV

Sappi che 'l vaso che 'l serpente ruppe,
fu e non è; ma chi n' ha colpa, creda
che vendetta di Dio non teme suppe. 36

Non sarà tutto tempo sanza reda
l'aguglia che lasciò le penne al carro,
per che divenne mostro e poscia preda; 39

ch'io veggio certamente, e però il narro,
a darne tempo già stelle propinque,
secure d'ogn'intoppo e d'ogne sbarro, 42

nel quale un cinquecento diece e cinque,
messo di Dio, anciderà la fuia
con quel gigante che con lei delinque. 45

E forse che la mia narrazion buia,
qual Temi e Sfinge, men ti persuade,
perch'a lor modo lo 'ntelletto attuia; 48

ma tosto fier li fatti le Naiade,
che solveranno questo enigma forte
sanza danno di pecore o di biade. 51

Tu nota; e sì come da me son porte,
così queste parole segna a' vivi
del viver ch'è un correre a la morte.   54

E aggi a mente, quando tu le scrivi,
di non celar qual hai vista la pianta
ch'è or due volte dirubata quivi.   57

Qualunque ruba quella o quella schianta,
con bestemmia di fatto offende a Dio,
che solo a l'uso suo la creò santa.   60

Per morder quella, in pena e in disio
cinquemilia anni e più l'anima prima
bramò colui che 'l morso in sé punio.   63

Dorme lo 'ngegno tuo, se non estima
per singular cagione essere eccelsa
lei tanto e sì travolta ne la cima.   66

E se stati non fossero acqua d'Elsa
li pensier vani intorno a la tua mente,
e 'l piacer loro un Piramo a la gelsa,   69

per tante circostanze solamente
la giustizia di Dio, ne l'interdetto,
conosceresti a l'arbor moralmente.   72

Ma perch'io veggio te ne lo 'ntelletto
fatto di pietra e, impetrato, tinto,
sì che t'abbaglia il lume del mio detto,   75

voglio anco, e se non scritto, almen dipinto,
che 'l te ne porti dentro a te per quello
che si reca il bordon di palma cinto".   78

E io: "Sì come cera da suggello,
che la figura impressa non trasmuta,
segnato è or da voi lo mio cervello. 81

Ma perché tanto sovra mia veduta
vostra parola disïata vola,
che più la perde quanto più s'aiuta?". 84

I limiti della dotrrina

"Perché conoschi", disse, "quella scuola
c' hai seguitata, e veggi sua dottrina
come può seguitar la mia parola; 87

e veggi vostra via da la divina
distar cotanto, quanto si discorda
da terra il ciel che più alto festina". 90

Ond'io rispuosi lei: "Non mi ricorda
ch'i' stranïasse me già mai da voi,
né honne coscïenza che rimorda". 93

"E se tu ricordar non te ne puoi",
sorridendo rispuose, "or ti rammenta
come bevesti di Letè ancoi; 96

e se dal fummo foco s'argomenta,
cotesta oblivïon chiaro conchiude
colpa ne la tua voglia altrove attenta. 99

Veramente oramai saranno nude
le mie parole, quanto converrassi
quelle scovrire a la tua vista rude". 102

E più corusco e con più lenti passi
teneva il sole il cerchio di merigge,

che qua e là, come li aspetti, fassi,

quando s'affisser, sì come s'affigge
chi va dinanzi a gente per iscorta
se trova novitate o sue vestigge,

le sette donne al fin d'un'ombra smorta,
qual sotto foglie verdi e rami nigri
sovra suoi freddi rivi l'alpe porta.

Dinanzi ad esse Ëufratès e Tigri
veder mi parve uscir d'una fontana,
e, quasi amici, dipartirsi pigri.

"O luce, o gloria de la gente umana,
che acqua è questa che qui si dispiega
da un principio e sé da sé lontana?".

Per cotal priego detto mi fu: "Priega
Matelda che 'l ti dica". E qui rispuose,
come fa chi da colpa si dislega,

la bella donna: "Questo e altre cose
dette li son per me; e son sicura
che l'acqua di Letè non gliel nascose".

Dante beve l'acqua dell'Eunoé

E Bëatrice: "Forse maggior cura,
che spesse volte la memoria priva,
fatt' ha la mente sua ne li occhi oscura.

Ma vedi Eünoè che là diriva:
menalo ad esso, e come tu se' usa,
la tramortita sua virtù ravviva".

Come anima gentil, che non fa scusa,

ma fa sua voglia de la voglia altrui
tosto che è per segno fuor dischiusa; 132

così, poi che da essa preso fui,
la bella donna mossesi, e a Stazio
donnescamente disse: "Vien con lui". 135

S'io avessi, lettor, più lungo spazio
da scrivere, i' pur cantere' in parte
lo dolce ber che mai non m'avria sazio; 138

ma perché piene son tutte le carte
ordite a questa cantica seconda,
non mi lascia più ir lo fren de l'arte. 141

Io ritornai da la santissima onda
rifatto sì come piante novelle
rinovellate di novella fronda, 144

puro e disposto a salire a le stelle.

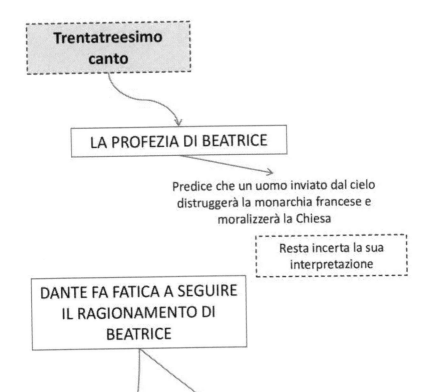

> ## LA CHIUSURA CON LA PAROLA "STELLE"

Si ripete in tutte e tre le Cantiche

Ultimo verso dell'**Inferno**
E quindi uscimmo a riveder le stelle.

Ultimo verso del **Purgatorio**
puro e disposto a salire alle stelle.

Ultimo verso del **Paradiso**
l'amor che move il sole e l'altre stelle.

Printed by Amazon Italia Logistica S.r.l.
Torrazza Piemonte (TO), Italy